TRATADOS SOBRE LOS CONTRATOS

COLECCIÓN
radices

TRATADOS SOBRE LOS CONTRATOS

Pedro de Juan Olivi

Prefacio y traducción por
Giovanni Patriarca y
María Elizabeth Segura Novoa

eFYL
EDITORIAL FE Y LIBERTAD

Editorial Fe y Libertad
302 NW 179th Ave., Suite 201
33029 Pembroke Pines FL, USA

Tratados sobre los contratos/ Pedro de Juan Olivi – 1.ª ed.
ISBN 978-1-7330493-0-6

A la abuela Maria,
mujer de fortaleza y horizontes.

CONTENIDO

PRESENTACIÓN

Con los tres tratados sobre los contratos de Pedro de Juan Olivi abrimos la colección Radices[1], de Editorial Fe y Libertad. Como su nombre lo indica, la colección dará cabida a fuentes primarias o a estudios que busquen profundizar en la comprensión de nuestras raíces culturales, de las ideas que han configurado a lo largo de los siglos la mentalidad occidental, que, según lo vemos en el Instituto Fe y Libertad, está configurada por la unión de la tradición clásica —dentro de la que podemos distinguir el aporte de Roma, que fue sobre todo el derecho, y la ciencia y filosofía griegas— con la religión judeocristiana.

Si bien es cierto que la fe cristiana no pertenece a una civilización en particular, también es cierto que existe un elemento que, aunque propio de una cultura y de una época (hablamos del aporte grecorromano) se constituyó en el vehículo —la lengua, por así decirlo— en que la esta

---

[1] Raíces

se ha pensado a sí misma y se ha transmitido al mundo. Dios se vale de nuestros pobres conceptos para darse a conocer. No podríamos hacer teología —al menos, teología cristiana— prescindiendo de conceptos como persona, logos, cosmos, sustancia, naturaleza, accidentes, teoría..., todos ellos aportes del pensamiento griego.

La estabilidad de la *pax* agustana fue el medio del que se valió la Providencia para la difusión inicial del cristianismo, y la iglesia primitiva se organizó siguiendo los modelos romanos (curias, diócesis...). Puede decirse que el cristianismo llegó a ser el alma (el elemento de unión y de vida) de la civilización occidental. Pero en la segunda mitad del siglo XX Europa, cuna de esta civilización, cambió radicalmente. Ahora, muchas naciones europeas reniegan de su pasado. La proyectada unión europea (si es que tiene futuro, todo hay que decirlo) no contempla espacio para Dios, mucho menos para el cristianismo. Pero una civilización que desconoce sus raíces es una civilización con un fuerte impulso a la muerte.

Decía Marcelino Menéndez Pelayo que «donde no se conserva piadosamente la herencia de lo pasado, pobre o rica, grande o pequeña, no esperemos que brote un pensamiento original ni una idea dominadora. Un pueblo nuevo puede improvisarlo todo menos la cultura intelectual. Un pueblo viejo no puede renunciar a la suya sin extinguir la parte más noble de su vida y caer en una segunda infancia muy próxima a la imbecilidad senil». En el Instituto Fe y Libertad queremos no solo conservar piadosamente nuestra herencia occidental sino vivir de ella y hacerla florecer. Nuestra idea del florecimiento humano está firmemente asentada en la visión cristiana occidental del hombre y de la sociedad. Ese es nuestro aporte; eso es lo que con un sano orgullo podemos ofrecer al mundo.

Existe mucho material inédito en las bibliotecas europeas. Lo que otros arrumban nosotros lo revitalizamos. Uno de los objetivos de la colección Radices es sacar a la luz material inédito, de autores antiguos, medievales o modernos. Empezar con una traducción directa del latín al español de una obra de Pedro de Juan Olivi nos llena de satisfacción. La idea de traducir los tratados sobre los contratos fue de Alejandro Chafuen, nuestro querido amigo del Acton Institute y gran investigador de las fuentes medievales de la economía libre. El trabajo de traducción lo llevó a cabo un gran amigo de nuestro Instituto, el filósofo italiano Giovanni Patriarca, con la ayuda de la filóloga María Elizabeth Segura Novoa, y con el apoyo de Atlas Network.

Además de fuentes primarias, como son los tratados de Olivi, deseamos publicar estudios que nos ayuden a profundizar en la comprensión de nuestras raíces culturales. Estudios históricos, filosóficos, teológicos o de otras ciencias, que arrojen nuevas luces sobre lo que significa ser cristiano en el siglo XXI. Buscamos renovar las estructuras de pensamiento; ofrecer ideas y soluciones nuevas, ancladas en nuestra herencia. Con otras palabras: queremos revitalizar el pensamiento occidental cristiano. No proponemos volver al pasado; tampoco buscamos contemporizar. Vamos más allá: creemos que las soluciones inspiradas en los principios cristianos son las acordes con la dignidad de la persona humana. Y también creemos que para que esas soluciones lleven la savia cristiana deben nutrirse de las raíces de nuestra tradición.

Bienvenidos sean los autores, pensadores y científicos que quieran aportar al mundo de las ideas desde esta perspectiva y con estos lineamientos.

Moris Polanco
Instituto Fe y Libertad
Guatemala, 8 de diciembre de 2018

PREFACIO

Introducción histórica

Europa en el siglo XIII asiste a un período de relativa calma caracterizado por un crecimiento constante, consolidado por progresos en la agricultura, en la artesanía y en el comercio. El latifundio, identificado por una estructura interior intensamente jerárquica, es el centro de la vida y la economía rural. En las áreas urbanas el nivel de especialización de las diversas artes y profesiones crece gradualmente a través del comercio internacional. El intercambio alcanza un nivel tal que transforma, aunque lentamente, las técnicas navales, las vías de transporte y el urbanismo[2].

La monetización de la economía, además, facilita los cambios entre países en que circulan libremente monedas de oro, de plata y de otras ligas inferiores. Un recorrido

---

[2] H. Pirenne (2006), *Economic and Social History of Medieval Europe*, New York: Routledge, Chapters I-II-III-IV.

común une Italia a la Provenza y a los países de la *lengua d'oc* además a Cataluña y al resto de la península ibérica. Al norte de las ciudades hanseáticas con su incesantes y frenéticas actividades portuarias ven un formidable desarrollo que las habría llevado a gozar de privilegios y riqueza[3].

Todo este progreso es sustentado por una alta tasa de natalidad que permite tener una reserva casi infinita de mano de obra y que el nivel de los sueldos sea constante o incluso disminuya. Esta situación sirve de estímulo para la economía y engendra un circuito de distribución comercial imponente. Tal tendencia positiva parece prolongarse hasta los primeros años del siglo siguiente, tanto que «el occidente da la impresión de haber alcanzado su plenitud»,[4] a pesar de ya estar presentes algunas prácticas que habrían contribuido a la grave crisis del siglo XIV[5].

Precisamente en esta época se comienza a sentir una nueva tensión entre *la autonomía del análisis de los hechos económicos* y el arraigo aún fuerte a una perspectiva teológica. Antes de que los dos caminos paralelos de la ética y de la economía se formaran con sus lenguas aparentemente distantes, presenciamos la formación de un «proto-empirismo» entre la legitimidad de los intereses

---

[3] U. C. Ewert y S. Selzer (2016), *Institutions of Hanseatic Trade: Studies on the Political Economy of a Medieval Network Organisation*, Bern: Peter Lang.

[4] J. Imbert (2004), *Histoire de la vie économique ancienne, médiévale et moderne*, Paris: Cujas, p. 316 (traducción nuestra)

[5] Cf. J. M. Kulisher (1964), *Storia economica del Medioevo e dell'Epoca moderna*, vol. I, Firenze: Sansoni.

individuales y la primacía de los principios generales. En ese contexto, de hecho, parece claro cómo, aunque con metodologías que habrían evolucionado de manera diferente en el tiempo, tanto la ética como la economía tenían el mismo propósito común. La necesidad de normas y valores compartidos no entra en conflicto, sino que se integra armónicamente con las necesidades intrínsecas y extrínsecas de la acción económica.

En una relación concretamente activa, la unidad del conocimiento parece ser la piedra angular de toda construcción filosófica. Esa unidad orgánica no es un impedimento para el ejercicio de la racionalidad, sino una apertura trascendente que no se limita a la dimensión material pura del acto económico. Este último, en primer lugar, es el resultado de una elección entre opciones y, por lo tanto, presenta su propio objeto identificado e identificable en esa dimensión cultural y dialógica en estrecha relación con toda la comunidad.

Por las razones antes mencionadas, cualquier estudio sobre la evolución del pensamiento económico escolástico no puede prescindir de una perspectiva interdisciplinaria y comparativa que pueda ofrecer un panorama más amplio donde la racionalidad ética y la racionalidad económica se ponen al servicio del bien común. Esa unión comprensiva consideraba primaria la optimización de la acción en un contexto de responsabilidad universal.

Dinámicas económicas y pensamiento escolástico

La filosofía escolástica presenta una serie de ideas originales que subyacen a la evolución posterior del pensamiento económico y social. J. A. Schumpeter estaba justificadamente convencido de que, al final de la Edad Media y dentro de la vitalidad cultural de las universidades, podemos ubicar la primera manifestación concreta de la economía como un sujeto independiente[6].

Esta «emancipación», sin embargo, tiene lugar dentro de la esfera definida de la teología moral y de la jurisprudencia de la que saca su savia y alimento indispensable. Además, es necesario tener en cuenta que todo ese sistema filosófico descansa en la aceptación general de la participación común en la ley eterna y basa su caracterización en el encuentro fructífero entre el mensaje del Evangelio y las tensiones que surgen dentro de la sociedad.

El intento tomista de armonización del aristotelismo[7] por un lado, y la visión platónico-agustiniana[8] de la

---

[6] «The skeleton of Smith's analysis hails from the scholastics and natural-law philosophers», A. Schumpeter (1954), *History of Economic Analysis*, Oxford: Oxford University Press, p. 182.

[7] A. Ghisalberti (2004), «Presentazione», in A. Petagine, *Aristotelismo difficile. L'intelletto umano nella prospettiva di Alberto Magno, Tommaso d'Aquino e Sigieri di Brabante*, Milano: Vita & Pensiero, p. VII.

[8] J. Ritter (2002), *Mundus Intelligibilis. Eine Untersuchung zur Aufnahme und Umwandlung der neoplatonischen Ontologie bei Augustinus*, Frankfurt am Main: Philosophische Abhandlungen V. Klostermann, pp. 23-24.

escucla franciscana[9], por el otro, modificaron el sustrato común de referencia filosófica y teológica en un encuentro a veces muy problemático, pero sin duda extremadamente fructífero. Algunas doctrinas aristotélicas junto con su enfoque panteísta fueron puestas en cuestión y las obras del Estagirita, comentadas y glosadas, son a la vez punto de partida y obstáculo para la investigación. M. Colish define ingeniosamente esta época como «aristotélica, paraaristotélica y postaristotélica»[10] argumentando así el cambio de rumbo en la historia de la filosofía occidental[11].

Es en este mismo período fecundo cuando se difunden teorías numéricas[12] —traídas de Oriente por Leonardo Fibonacci[13]— que aún sin ser perfectamente aplicadas, van penetrando lentamente en el sustrato cultural[14]. Ahí la razón asume un papel de primer orden en la interpretación de la ley natural. Esta facultad hace uso de un enfoque analítico y normativo que es inextricablemente necesario

---

[9] M. Robson (2006), *The Franciscans in the Middle Ages*, Woodbridge-U.K : The Boydell Press, p. 63.

[10] M. L. Colish (2001), *La Cultura nel Medioevo* (400-1400), Bologna: Il Mulino, p. 513 (traducción nuestra).

[11] G. Patriarca (2017), «La metodología científica de la Escolástica Tardía. De la escuela franciscana a la vía moderna», *Carthaginensia: Revista de estudios e investigación*, Vol. 33, N° 63, pp. 91-108.

[12] J. Sesiano (2009), *An Introduction to the History of Algebra. Solving Equations from Mesopotamian Times to the Renaissance*, Providence: American Mathematical Society, pp. 93-124.

[13] «Novem figurae indorum he sunt 9 8 7 6 5 4 3 2 1. Cum his itaque novem figuris, et cum hoc signo 0, quod arabice zephirum appellatory, scribitur quilibet numerus», L. Fibonacci, *Liber Abaci*, Capitulo I, Biblioteca Nazionale di Firenze (Conv. Soppr. C.I. 2616) XIII. Siglo.

[14] W. Hein (2010), *Die Mathematik im Mittelalter. Von Abakus bis Zahlenspiel,* Darmstadt: WBG, pp. 108-109.

e indispensable para la representación y la comprensión del orden social[15].

En un período de transición política y de expansión de los mercados, la misma concepción jurídica —a la luz de las distintas escuelas de glosadores locales— evoluciona de una manera completamente original y la teoría del derecho, que fluye de este fermento, se dirige hacia formas autónomas de *consuetudo locis*, sobre la cual se constituirán sucesivamente las legislaciones nacionales[16]. En el ámbito político parece también que el juicio de la razón humana se vuelva la presuposición de cualquier decisión política contingente. De acuerdo con este principio racional, el poder de coerción estatal debe limitarse esencialmente a la resolución de conflictos internos y al mantenimiento de la paz.

El proceso natural del conocimiento viene por lo tanto presentado en su dinamismo íntimo, en el que la misma colección de datos y la armonización de los múltiples factores se vuelve sin duda cada vez más concéntrica, en una perspectiva que es, no obstante, de correlación con los requisitos éticos y morales esenciales. Esta suposición es, después de todo, el testimonio del hecho de que el hombre, la historia, la sociedad y su expresión cultural están

---

[15] Cf. A. Chafuen (2003), *Faith and Liberty. The Economic Thought of the Late Scholastics*, Lenham: Lexington Books, p. 20.
[16] F. Calasso (1945), *I Glossatori e la teoria della sovranità*, Firenze: Le Monnier.

profundamente conectados. Privarse de esta dimensión es, sin duda, una contradicción antropológica[17].

La misma naturaleza de los acontecimientos históricos, de hecho, influye y estimula la reflexión social. La característica principal de estas obras es saber cuestionar concretamente los hechos contingentes ofreciéndonos, junto con una larga serie de casos especiales, un testimonio histórico de importancia fundamental. Este minucioso y detallado razonamiento sobre la naturaleza humana, la evolución de las prácticas comerciales y la influencia de la esfera individual y colectiva en la decisión política se basa, a su vez, en más y más sobre un rico proceso de matices y grados con el fin de abrirse a nuevas formulaciones y conjeturas[18].

Vida de Pedro de Juan Olivi

La vida y la obra de Pedro de Juan Olivi (1247-1298) están profundamente envueltas en un halo de misterio. Nacido en Sérignan (Hérault, Francia), según algunas

---

[17] «Recognize that *homo economicus* has its own limits as useful abstraction. We can only load the construction with so much, and we stand in danger of having our whole «science» collapse in a absurd heap if we push beyond the useful limits. The fact that the whole set of «non-economic» motivations are more difficult to model than the «economic» should not lead us to deny their existence», J. Buchanan y G. Brennan, «The Normative Purpose of Economic Science: Rediscovery of an Eighteenth-Century Method» in J. Buchanan (ed.) (1987), *Economics. Between Predictive Science and Moral Philosophy,* College Station: Texas A&M University Press, p. 55.

[18] Léase A. Spicciani et al. (1990), *Usure, compere e vendite. La scienza economica del XIII secolo*, Milano: Europia.

fuentes, ingresa a los 12 años en el Convento Franciscano de Béziers. Por sus facultades intelectuales estudia en París donde fueron activos en aquellos años Buenaventura de Bagnoregio, Guillermo del Mar, Mateo de Acquasparta y John Peckam. Tal entorno intelectual enriquece su formación filosófico-teológica y le estructura su pensamiento según cánones completamente peculiares[19].

Después de haber colaborado con la redacción de la constitución *Exiit qui seminat* (14 de agosto de 1279), donde el papa Nicolás III trata abundantemente acerca de la regla franciscana y su correcta interpretación, se dedica a la enseñanza en el *studium generalis* de Montpellier. Fiel a la doctrina original y arraigada en el neoplatonismo agustiniano, su producción no solo es prolífica, sino que toca una serie de temas diferentes con una originalidad tan apasionada y tal independencia intelectual que causará disputas y acusaciones.

En la famosa *Carta de los Siete Sellos*, poco después de las disposiciones del Capítulo de Estrasburgo en 1281, siete maestros franciscanos formularon 22 sentencias acusatorias contra él y en una carta posterior publicaron una lista de 34 desviaciones del espíritu primitivo de la orden, con acusaciones de falsedades y herejía. A pesar de la hostilidad interna, la fama de santidad y la influencia de su producción no disminuyen, tanto que, en 1287 es lector de teología en Florencia en el Convento de la Santa Cruz.

---

[19] Cf. J. A. Merino (2001), *Historia de la filosofía medieval*, Madrid: BAC Manuales, Madrid, pp. 240-241.

En 1289 se encuentra de nuevo en Provenza, donde los desacuerdos y las controversias antiguas todavía están muy presentes y marcarán los últimos años de su vida. Muere el 14 de marzo de 1292 en Narbona con fama de santidad, seguido de una profunda devoción popular, que las autoridades eclesiásticas desaprobarán hasta el punto de dispersar sus restos mortales en los años siguientes. Más de treinta años después de su muerte, sus escritos continuaban en el centro de la especulación teológica, tanto que el papa Juan XXII (1316-1334) condena su comentario sobre el *Apocalipsis* en el consistorio público del 8 de febrero de 1326[20].

En la disputa histórica del *usus pauper* como un camino de perfección evangélica[21], la contribución de Olivi está a favor de una renovación espiritual en una tensión puramente escatológica que ve en Joaquín de Fiore y Francisco de Asís los puntos de referencia[22]. Aunque con distintas gradaciones, la interpretación correcta de la enseñanza franciscana tiene una connotación apocalíptica como máxima advertencia a una humanidad decadente[23]. En este marco, la crítica a la filosofía pagana —típica de toda especulación medieval— está teñida de una infinidad

---

[20] J. A. Merino y F. Martínez Fresneda F. (ed.) (2003), *Manual de Teología Franciscana*, Madrid: BAC, pp. 43-45.

[21] J. A, Merino (1993), *Historia de la filosofía franciscana*, Madrid: BAC, Madrid, pp. 153-175.

[22] Léase Gratien de Paris, O.F.M. Cap. (1947), *Historia de la fundación y evolución de la Orden de Frailes Menores en el Siglo XIII*, Buenos Aires: Desclée de Bouwer.

[23] Cf. D. Burr «The Persecution of Peter Olivi», *Transactions of the American Philosophical Society*, New Series 66/5 (1976), p. 19.

de matices que apuntan a subrayar la primacía del espíritu sobre la materia, de la interioridad sobre la exterioridad. De una manera, tan ingeniosa como pastoral, el pensamiento de Olivi evoluciona hacia formas típicamente psicológicas con una cuidada atención a una larga serie de casos y circunstancias[24].

La razón, por lo tanto, no se deja en el recinto de una abstracción absoluta, sino que se pone al servicio de las diferentes situaciones con la consecuente voluntad de juicio, discernimiento y solución a través de la acción[25]. Como el camino hacia la Verdad coincide con el de la salvación, el compromiso intelectual se vuelve pragmático y encarna la contingencia histórica[26]. Los filósofos de la Antigüedad en sus enseñanzas morales solo tienen en mente las virtudes puramente humanas y, aunque en cierta medida convergen, en última instancia lo hacen solo parcialmente porque son ajenas a la revelación. Según Olivi, el riesgo de seguir a Aristóteles de manera servil, tomado

---

[24] Cf. J. Toivanen (2013), *Perception and the Internal Senses: Peter of John Olivi on the Cognitive Functions of the Sensitive Soul*, Leiden: Brill, 2013.

[25] Léase P. LLorente Megias (2000), *La crítica de Petrus Iohannis Olivi al aristotelismo de su tiempo*, Tesis Doctoral, Universitat de Barcelona, (especialmente los cap. II y IV).

[26] «La cuestión fundamental, que no exclusiva, es la de comprender la verdad para vivirla. Este es el acontecimiento diferencial de la escuela franciscana. Amar la verdad tiene como fin fundamental «vivir en verdad». Por eso a la cuestión filosófica se le suma el contexto teológico, la especulación se ilumina por la práctica como finalidad» M. Lázaro Pulido (2013), «El amor a la verdad en la escuela franciscana (Siglo XIII)», *Pensamiento,* vol. 69/2013, n. 259, pp. 351-367.

a través de la tradición islámica[27], puede conducir a la aceptación injustificada no solo de la doctrina precristiana, sino también de una deriva metafísica con consecuencias muy negativas[28].

Este aspecto presupone no solo la aceptación de la ley natural y de la ley divina, sino también la no confusión de las precedentes en una especie de atemporalismo normativo. Si el Decálogo presenta las reglas para evitar la autodestrucción social y mantener a raya el orgullo de los poderosos, no impide una mayor codificación de acuerdo con la evolución de los tiempos a la luz del Evangelio. Este concepto está subrayado por la división tradicional «entre preceptos de la primera tabla, necesarios e invariables, y preceptos de la segunda tabla, condicionados por la situación de decadencia en la que el hombre vive y, por lo tanto, derogables, siempre que haya un motivo o el poder de hacerlo»[29].

La centralidad de la historia se une, entonces, a la conciencia individual, que permite al sujeto ser el creador de su destino a través del ejercicio supremo de la libertad[30].

---

[27] Cf. S. Piron (2006), «Olivi et les averroïstes», *Freiburger Zeitschrift für Philosophie und Theologie*, 53/2006, pp. 251-309.

[28] «Olivi steht in schärfster Opposition zu Aristoteles, doch ist er andererseits von ihm beeinflußut, wengleich in einem ganz anderen Sinn als etwa Thomas von Aquin.» Stadter E. (1960), «Das Glaubensproblem in seiner Bedeutung für die Ethik bei Petrus Johannis Olivi», *Franziskanische Studien*, n. 42, p. 288.

[29] O. Todisco (2003), «Ética y economía», en J. A. Merino y F. Martínez Fresneda (eds.), *Manual de Teología Franciscana*, Madrid: BAC, p. 261.

[30] Cf. P. Nickl (2008), «Einleitung», en Petrus Johannis Olivi, *Quaestio an in homine sit liberum arbitrium – Über die menschliche Freiheit*, Freiburg: Herder, pp. 7-25.

La reflexión sobre el libre albedrío es una característica principal de la escuela franciscana, que ve en él una «racionalidad perfectible»[31] donde la vida moral y la razón correcta son equivalentes y se realizan juntas[32]. Para que esto suceda, uno no puede ignorar la gracia visto que la naturaleza humana tiende a no considerar muchos aspectos debido a su imperfección.

Es una libertad evangélicamente inspirada y fundada en una bondad moral que tiene en cuenta no solo la razón práctica sino también los dictados de la ley, natural y religiosa. Las consecuencias de los actos personales, sin embargo, se van a desarrollar accidentalmente en cada situación concreta, siendo potencialmente la causa de diferentes interpretaciones y evaluaciones, a veces también contradictorias. De esta forma, la realidad debe ser observada con prudencia y humildad, sin descuidar todos los aspectos antropológicos y ambientales[33].

Su reflexión económica

A partir de este enfoque, Pedro de Juan Olivi observa con detalles particulares la evolución histórica y el desarrollo de nuevas formas comerciales con la consiguiente

---

[31] Buenaventura, *II Sent*, d. 25 p. 2.º u. q. 2.

[32] Cf. E. Bettoni (1960), «La libertà come fondamento dei valori umani nel pensiero di Pietro di Giovanni Olivi», Firenze: *Atti del XII Congresso Internazionale di Filosofia*, Tomo XI, pp. 39-47.

[33] J. Kirshner y K. Lo Prete (1984), «Peter John Olivi's Treatises on Contracts of Sale, Usury and Restitution: Minorite Economics or Minor Works?», *Quaderni fiorentini per la storia del pensiero giuridico moderno*, 13/1984, pp. 233-286.

importancia de las entidades de crédito. Todo esto no lo lleva a enfrentarse radicalmente con las nuevas formas de transacción, pero —al mismo tiempo que permanece fiel a la regla de la pobreza— comienza a dibujar una serie de líneas de demarcación en las que la legalidad o ilegalidad de una práctica económica se estudia, justifica o rechaza[34].

En primer lugar, la noción de «uso» se coloca como una fuerza concéntrica a partir de la cual se desentrañan las posibles diversificaciones en el nivel de la elección económica. Esta es una base lógica a partir de la cual cualquier indicación posterior de valor encuentra su savia y justificación[35]. La concepción lógica del uso, en cualquier caso, no puede separarse de la naturaleza misma de lo que es el objeto de la transacción o de sus cualidades y virtudes intrínsecas. En segundo lugar, es necesario tener en cuenta la *abundancia* o la *escasez* en que se encuentre este bien o producto y, en última instancia —pero no desde un punto de vista jerárquico— el *beneplacitum voluntatis*, o sea la satisfacción personal de poseer el bien.

Ese «tripartito circular» en la definición del uso y en la determinación de la posible compraventa tiende a ser aplicable, *mutatis mutandis*, a las situaciones más

---

[34] Cf. G. Todeschini G. (1999), « Olivi e il mercator cristiano», en A. Boureau y S. Piron (eds.), *Pierre de Jean Olivi (1248-1298). Pensée scolastique, dissidence spirituelle et société*. Actes du Colloque de Narbonne, Paris: Vrin..

[35] A. Spicciani (1977), *La mercatura e la formazione del prezzo nella riflessione teologica medievale*, Roma: Accademia Nazionale dei Lincei.

diversas. No es secundario a su concepción lógica una *doctrina temporal de utilidad* en la que algunos materiales o bienes tienen un mayor o menor valor en diferentes períodos —debido a hambrunas, descubrimiento de reservas mineras u otras causas naturales— con el consiguiente aplazamiento y actualización en las decisiones económicas.

En este proceso, sin duda complejo, juegan un papel determinante muchos factores naturales, ambientales e individuales. Sobre este sustrato vamos a conformar el valor del bien, que no solo se basa en sus cualidades objetivas (*secundum bonitatae suae naturae*) sino también en el uso al que está dirigido. La proyección psicológica del uso futuro como una función de la inversión y la industria, empuja al comprador a formular una «base de cálculo», cimentada en la posible utilidad (*in respectum ad usum nostrum*).

La temporalidad del valor está estrechamente relacionada con la teoría del interés, puesto que presupone, en primer lugar, una evaluación en un marco de tiempo definido en el que la tasa se estructura en una perspectiva limitada. Esto muestra que el interés podría tener validez en un préstamo con un límite de tiempo preciso, con todos los derechos de propiedad calibrados en la duración mencionada, sin englobar los activos del prestamista al infinito y sofocarlo en los laureles de la usura[36]. Olivi

---

[36] Cf. S. Piron (2006), *I paradossi della teoria dell'usura nel medioevo*, Quaderno 11, Milano: Associazioni per lo Sviluppo degli Studi di Banca e Borsa -Università Cattolica del Sacro Cuore, pp. 13-14.

lleva a cabo una diferenciación en su reflexión sobre la circularidad de la moneda: diferencia, de hecho, el *dinero* del *capital*.

Si el primero se invierte —mediante el trabajo, la creatividad y la industria— para obtener un beneficio (*probabile lucrum*), en ese momento no es una herramienta sencilla para los intercambios (*simplex ratio*) sino un medio para un potencial beneficio adicional (*seminalis ratio lucrosi*)[37]: en este último caso nos enfrentamos al capital. Por lo tanto, al calcular el préstamo u otros procedimientos de crédito, no solo se debe tener en cuenta el simple valor monetario (*simplex valor*) sino también el valor agregado (*valor superadjunctus*) que resultaría de un uso diferente. Esta sutil división da un lugar de honor a Olivi en la historia del pensamiento económico[38], influyendo en gran medida en la reflexión de Bernardino de Siena y Antonino de Florencia en el siglo XV[39].

En su *teoría subjetiva del valor*, Olivi muestra que en cada intercambio comercial el valor está inextricablemente ligado a la necesidad personal o al deseo subjetivo, emergiendo así como un factor independiente y algunas veces incluso más relevante que la calidad del bien. El *beneplácito subjetivo*, en su extrema variedad individual, es

---

[37] M. Wolff (1994), «Mehrwert und Impetus bei Petrus Johannis O- livi», en Miethke J., Schreiner K. (Hg.), *Sozialer Wandel in Mittelalter*, Sigmaringen: Thorbecke, pp. 413-123.

[38] Cf. O. Langholm (1992), *Economics in the Medieval Schools*, Leiden: Brill, pp. 345-373.

[39] Léase R. de Roover (1967), *San Bernardino of Siena and Sant'Antonino of Florence. The two Great Economic Thinkers in the Middle Ages*, Cambridge, MA: Harvard University Press.

un motor invisible que, en el impulso de una percepción psicológica personal, configura el valor de mercado del bien. Alrededor de su formulación va a definirse un rango de precios sobre el cual fluctúan diferentes opciones y en el que se va a modelar una «base móvil» (*sub aliqua latitudine*) y no fija de *precio justo*.

Olivi, sin embargo, aplica aquí algunas distinciones típicas de la ética escolástica[40]. Si en parte el cambio en el precio, debido a las necesidades subjetivas, está justificado, hay dos límites que no deben excederse: por un lado, no se puede aprovechar el estado de extrema necesidad o de condiciones muy especiales que empujarían a cualquier persona a ir más allá de sus propias posibilidades, como en el caso de la compra de un medicamento para sobrevivir. Aquí se cometería una grave injusticia, que se repetiría si, al poner demasiado énfasis en la estima particular, se perdiera por completo una *estimación común*. Por el otro, no debe olvidarse en absoluto, que cada intercambio económico afecta a toda la sociedad e ir extremamente más allá —con fines puramente individuales— del *bien de la comunidad* puede ser causa de descontento e inquietud.

Aunque el precio de un bien siempre caerá bajo el yugo de «una opinión conjetural y probable» (*per coniecturalem seu probabilem opinionem*), el bien común aparece como la fuerza centrípeta necesaria e invisible en

---

[40] Véase O. Langholm (1998), *The Legacy of Scholasticism in Economic Thought. Antecedents of Choice and Power*, Cambridge: Cambridge University Press.

la sociedad. Aquí es necesario, por lo tanto, resumir e integrar la teoría del valor, que se basa como ya hemos visto en: a) el uso de las cosas, b) su escasez o abundancia, c) el trabajo, la creatividad y los riesgos y, finalmente, d) en el orden y grado que aquel determinado trabajo u obra particular tiene en el marco de una estima común en la sociedad.

Olivi no se detiene en la definición de estos pilares de su concepción epistemológica, sino que entra en el corazón de las negociaciones, analizando las formas, sus características, los aspectos positivos, las desproporciones y la malversación. En cualquier caso, el punto de partida es el concepto de «buena fe» en el que el sujeto actúa sin fraude o con la maliciosa voluntad de engañar a su interlocutor. En el acto de negociación, las personas no son —*naturaliter*— capaces de definir el *justo valor* de un bien y, por lo tanto, el precio justo fluctúa entre los márgenes ya señalados. El precio convenido es el resultado de un acuerdo en el que la información es ciertamente imperfecta y una posible superación de esos márgenes de oscilación, por un lado o por otro, no debe considerarse un pecado mortal, incluso si su naturaleza inmoral permanece y, en muchos casos, también una cierta ilegalidad.

En la intermediación debemos considerar, no obstante, no solo la simple compra y venta con un aumento sino también, al anunciar la teoría del seguro y la visión crediticia moderna, los factores de riesgo relacionados con el transporte, el desgaste, el mantenimiento y, no menos importante, con la *acción humana* de mejora a través del propio compromiso y la laboriosidad. De esta manera, siguiendo los pasos de la tradición franciscana, la figura de los mercaderes, que había estado ligada por la Patrística a una reputación no noble[41], fue reevaluada de una manera completamente original. Para Olivi, de hecho, ellos contribuyen con sus actividades al bienestar colectivo y al florecimiento general con mayores oportunidades[42].

Su trabajo, a través de muchas responsabilidades y riesgos, permite la circulación de bienes que serían imposibles de rastrear sin su contribución. Esos activos, a su vez, son la fuerza motora de nuevas actividades empresariales que aumentan la riqueza no solo de los involucrados, sino de la sociedad en conjunto sin minar la producción local de los artesanos y de los campesinos. La laboriosidad de los mercaderes documenta una capacidad admirable en la evaluación no solo de los bienes y de las contingencias sociales sino también en la aproximación de lugares distantes y comunidades separadas[43].

Conclusiones

El pensamiento económico de Olivi marca, sin duda, un punto de inflexión en el pensamiento económico escolástico que —llevado por las órdenes mendicantes— llega a

[41] R. P. Gordon (1989), *The Economic Problem in Biblical and Patristic Thought*, Leiden: Brill.

[42] G. Todeschini (2004), *Ricchezza francescana. Dalla povertà volontaria alla società di mercato*, Bologna: Il Mulino.

[43] A. Perpere Viñuales (2016), «Petrus Iohannis Olivi y la valoración económica en su Tractatus de Contractibus», *Caurensia*, vol XI/2016, pp. 263-278.

la *Escuela de Salamanca*[44] y al humanismo renacentista[45]. El análisis moral aplicado a los negocios se convierte en un *Leitmotiv* en los «manuales de confesores» con consiguientes traducciones en idiomas vernáculos. La reflexión filosófico-teológica centrada sobre los métodos, los criterios y la inherente racionalidad lógica de los cambios económicos es sustentada por las escuelas jurídicas con la considerable producción de sus glosadores[46].

Toda esta riqueza hermenéutica se articula y evoluciona en los pasillos de todas las universidades europeas, donde confluyen las tensiones y demandas de las compañías comerciales y financieras internacionales que estaban transformando gradualmente el sustrato cultural europeo[47]. La autoridad y el legado de estos textos jurídicos y teológicos —con sus interpretaciones del bien común y de la pública utilidad— se mantienen durante siglos en el

---

[44] M. Grice-Hutchinson (1978), *Early Economic Thought in Spain, 1177-1740*, London: Alien & Unwin.

[45] «In the earliest accounting record to survive for this city, the fragments of a banker's account dated 1211, «capital» appears repeatedly with the reference to the money he put to work as loans that earned him «interest» (*prode e capitale*); and over the following centuries interest would be frequently referred to as the «cost of money», R. A. Goldthwaite (2009), *The Economy of Renaissance Florence*, Baltimore: The Johns Hopkins University, p. 588.

[46] J. A. Brundage (2016), «The Practice of Canon Law», en W. Hartmann y K. Pennington, *The History of Courts and Procedure in Medieval Canon Law*, Washington D.C.: The Catholic University of America Press, pp. 63-75.

[47] S. A. Reinert y R. Fredona (2017), *Merchants and the Origins of Capitalism*, Working Paper 18-021, Cambridge, MA: Harvard Business School.

centro de la especulación académica[48], tanto como para ser la base no solo del *curriculum studiorum*, sino también de las futuras formulaciones de la estructura legal y administrativa de los nacientes estados nacionales.

Giovanni Patriarca y
María Elizabeth Segura Novoa

---

[48] Cf. O. Langholm (June 2009), «From Olivi to Hutchenson: Tracing an Early Tradition in Value Theory», *Journal of the History of Economic Thought*, vol. 31/2.

Fuentes

Título original:

Tractatus de contratibus
De emptione et venditione
De usuris
De restitutionibus

Ubicación de los manuscritos

- Cod. 129 de la Biblioteca Universitaria de Bologna (Italia);
- Cod. U.V. 6 de la Biblioteca Comunale degli Intronati de Siena (Italia);
- Cod. VII D. 39 de la Biblioteca Nazionale de Nápoles (Italia);
- Cod. Vat. Lat. 4272 de la Biblioteca Apostólica Vaticana de la Ciudad del Vaticano;
- Cod. Lat. 3655 de la Bibliothèque Nationale de France de Paris (Francia);
- Cod. Bodley 52 de la Bodleian Library de Oxford (Reino Unido).

TRATADOS SOBRE LOS CONTRATOS

SOBRE LAS COMPRAS Y LAS VENTAS

En cuanto a los contratos de compraventa, en primer lugar, preguntémonos si las cosas se pueden legalmente vender sin pecado por más de lo que valen y comprarlas por menos.

La respuesta parece afirmativa por las siguientes razones:

Porque de otro modo, casi toda la categoría de los vendedores y los compradores pecaría contra la justicia, ya que, casi todos quieren vender caro y comprar por menos.

Para mis bienes es lícito fijar el precio que quiera, ninguna ley me obliga a renunciar a ellos ni a cambiarlos sin que el precio sea de mi agrado, o establecido previamente por mí. Como de hecho nadie está obligado a comprar cosas a un precio más alto que al que guste. Por lo tanto, si el contrato de compraventa es totalmente voluntario, también la determinación del precio de las cosas venales será puramente voluntaria, según el dicho popular «Una cosa vale tanto según en cuánto pueda ser vendida».

De acuerdo con el orden del derecho, de la justicia y de la caridad, el bien común tiene y debe tener prioridad sobre el interés privado. Pero, para la salvación común de los hombres, después de la caída original, es útil que la determinación del precio de los bienes venales no sea extremamente rigurosa, ni establecida de acuerdo con su valor absoluto, sino que, más bien, sea determinada libremente por el acuerdo común de ambas partes, es decir, de los vendedores y los compradores. Esto implica menos riesgo de los pecados de fraude: una estimación precisa difícilmente podría hacerse sin pecado, porque el valor absoluto y muy preciso de los productos es difícil que resulte plenamente y con certeza.

En contraste, sin embargo, se podría argumentar:

Engañar a los demás, tener la intención de hacerlo o tratar de hacer trampa es pecado, tanto contra la inclinación recta y natural de los hombres, como contra la lealtad de la amistad y la pureza de la verdad y de la justicia; porque por naturaleza todos se sienten mal al ser engañados. Se deriva de la esencia del derecho divino, de la caridad y de la ley natural, que no hagamos a nadie lo que, por un instinto justo y natural, no nos gustaría que se hiciese a nosotros.

Por lo tanto, la mentira, el engaño y el fraude, que se encuentran en la voluntad de engañar, son contrarios a la voluntad divina y a las leyes de Dios por las cuales Él quiere que seamos leales y honestos con todos.

Pero quien deliberadamente vende una mercancía por más de lo que vale engaña y tiene como objetivo engañar al comprador, porque nadie quiere normalmente, o se supone que quiera, comprar algo a un precio mayor de lo que cuesta. Y también, cualquier persona que compre —a sabiendas— un bien en menos de lo que vale, engaña y tiene la intención de engañar al vendedor, ya que normalmente todos quieren, o se supone que quieran, vender sus productos a un precio no menor de lo que valen.

La justicia conmutativa consiste en la equidad o equivalencia real de las cosas intercambiadas, así como la justicia de dar a cada uno lo suyo, o lo que le es debido, consiste en la verdadera igualdad entre lo que das y lo que estás obligado a dar, de modo que tú no das menos que cuanto debes.

Respondo:

Existen dos formas de ver el valor de las cosas. La primera de acuerdo con la bondad objetiva de la naturaleza, y en este sentido el ratón o la hormiga valen más que el pan porque tienen alma, vida y sensibilidad, mientras que el pan no[1]. La segunda manera se deduce a partir del uso que hacemos de ellas, y por eso, cuanto más útiles son las cosas para nuestras necesidades, tanto más valen; y por lo tanto el pan vale más que el ratón o un sapo.

Debido a que las acciones de la compra y venta se destinan a las necesidades de la vida humana —ya que son en cierto modo necesidades en sí mismas— el valor de los

---

[1] Tomás de Aquino, *Summa Theologica*, II-II, q. 77, a. 2 ad 3

bienes transables se considera y se estima en la segunda manera y no en la primera.

Además, hay que decir que el valor en uso, o de las cosas que se venden, se estima en tres maneras:

En primer lugar, consideramos que la cosa por sus méritos intrínsecos y sus propiedades es más adecuada y más efectiva para nuestras necesidades. De esta manera, un buen pan de trigo, en cuanto a utilidad, vale más para nosotros que el de cebada, y un caballo fuerte para el coche o para la guerra, vale más que un asno o un rocín.

En segundo lugar, debido a la rareza o dificultad para ser encontradas las cosas se vuelven cada vez más necesarias para nosotros en la medida en que, por su escasez, tenemos una mayor necesidad y una menor probabilidad de tenerlas y usarlas. De esta manera, el mismo trigo vale más en tiempo de carestía, de hambre o de escasez, que no en el tiempo de abundancia universal. Del mismo modo, los cuatro elementos, agua, tierra, aire y fuego tienen para nosotros, debido a su abundancia, un precio más vil que el del oro y del bálsamo, aunque son inherentemente mucho más necesarios y útiles para nuestra vida.

En tercer lugar, se calcula de acuerdo con el mayor o menor beneplácito de nuestra voluntad en tener este tipo de cosas. Usar, en el sentido utilizado aquí, significa tomar o poseer algo a la discreción de la voluntad, y por lo tanto una parte proporcional del valor de las cosas útiles se estima por el consentimiento de esta, que gusta de mayor o menor medida de tales servicios o de ese objeto y de tenerlos a su disposición. Es así como un caballo en particular, un adorno o un aderezo son más aceptables para una persona, mientras que otro caballo, otro adorno u aderezo, son más agradables para otra. De este modo, uno aprecia mucho una cosa, que considera valiosa y querida, pero aquella no tiene ningún valor para otro y viceversa.

❖

También hay que decir que la estimación del valor útil de las cosas no la podemos hacer, sino por medio de una opinión conjetural o probable. Es decir que: el valor no se determina con exactitud, con un criterio o una medida absoluta, sino más bien como parte de un margen de variabilidad en el que los sentimientos y las opiniones de varios individuos difieren en la evaluación. Por tanto, este cálculo incluye dentro de sí varios grados, la falta de precisión y una gran ambigüedad, a la manera de cosas cuestionables, aunque en algunos casos más y en otros menos.

Por lo tanto, teniendo en cuenta lo que se ha dicho, afirmo que las cosas no pueden ser legalmente vendidas por más de lo que valen, o comprada por menos, determinado su valor con respecto a nuestro uso y a la estimación probable del juicio humano, que mide el valor de las cosas dentro de los límites convenientes.

Sin embargo, exceder estos límites no siempre debe considerarse un pecado mortal, a menos que el hecho sea tan grave y tan grande que en el contrato la desigualdad y la injusticia predominen sobre la igualdad y la justicia, tal como está previsto en la ley civil[2].

En la cual se expone que si el comprador o el vendedor es defraudado por más de la mitad del precio justo, este contrato es nulo por los tribunales y debe ser declarado sin efecto. Sería, por ejemplo, claramente un exceso enorme si algo que vale solo diez centavos fuese vendido por más de veinte.

En todo esto me refiero al caso en que el defraudado ignore dicho exceso, porque si sabe y advierte la cantidad de desproporción y está de acuerdo con el precio y el contrato, entonces no se defraudó. Ya que tal como uno puede ceder libre y gratuitamente su propiedad, de la misma manera, si quiere, puede darla por la centésima parte del precio justo, ni así se hace injusticia a sí mismo.

A menos que su consentimiento, declarado o presunto, proceda de una ligereza muy clara o vicio de la voluntad, en aquel caso, no debería reconocerle ninguna fuerza y considerarle insuficiente en ley y en justicia. O si aceptara —impulsado por una gran penuria o por otras necesidades— por lo que nadie puede pensar que se trate de una decisión totalmente espontánea y desinteresada: una obligación unilateral, en estos términos, no solo sería contraria a la justicia, sino incluso a la caridad y la piedad natural.

---

[2] *Decretum Gratiani*, C. IV, q. 44, c. 8 y también C. IV, q. 44, c. 2.

Puedo responder a las objeciones planteadas al inicio por ambas partes, es decir, a aquellos que están a favor y a los que responden negativamente a la pregunta.

En cuanto al primer argumento, hay que decir que ello es cierto solo para la categoría de los vendedores y los compradores injustos y codiciosos y no para la de los honestos. El hombre correcto, de hecho, no quiere vender o comprar nada sin un precio justo, y quien es perfectamente justo no quiere ninguna injusticia en este campo. Quien es entonces relativamente honesto no quiere que la injusticia prevalezca sobre la justicia: en la medida en que practica deslealmente algo en contra de un precio justo, de igual manera que tiene en ella el vicio de la injusticia.

A la segunda objeción respondo que, aunque no estoy obligado por ley a vender mis cosas, tengo, sin embargo, la obligación, en el acto y en el contrato de venta, a observar las formas y reglas de la justicia y el derecho. Y, luego, al vender no es lícito darle un precio injusto y recibirlo, ya que, en este caso, no impongo un precio a una cosa como mía, sino para permutarla con otra. La mencionada afirmación, eficaz y conmutativamente, también implicaría recibir un precio exorbitante, pero conseguir tal precio da lugar a la desigualdad.

Al tercer argumento respondo diciendo que, si el acuerdo de ambas partes sobre el precio o la estimación no es contrario a su voluntad por razón de ignorancia, impericia, o por alguna otra razón por la que de alguna manera se vean empujados a ello, entonces la objeción hecha está bien argumentada y tiene sentido, de lo contrario no. De hecho, a pesar de que nuestra evaluación para tasar el precio o valor de las cosas no es del todo correcta, empero, puede y se debe medir dentro de límites aceptables, de lo contrario se excedería de una medida conveniente y admisible y de un criterio razonable.

A la primera objeción de la otra parte, entonces, respondo que, cuando se estima el valor habitual de las cosas y se fija de un modo según el libre y competente acuerdo de las partes contratantes, nadie engaña a la otra parte, salvo por accidente y sin intención o, más bien, en contra de su voluntad, porque tal manera de estimar implica que el contrato garantice a las partes la igualdad, aunque a veces pueda suceder lo contrario debido a la incertidumbre de la estimación.

A la segunda objeción respondo que la justicia conmutativa no consiste en una equivalencia real de las cosas determinada en referencia a su valor natural y absoluto, sino solo a la equivalencia en relación con el uso y la utilidad de la manera indicada anteriormente.

❖

En segundo lugar se pregunta si es posible determinar el precio de una cosa de acuerdo con el valor de la utilidad que deriva a los compradores o según cualquier beneficio que reciban quienes habrán de usarlo; como —por ejemplo— si el que me da una poción o una «hierba medicinal» que me sirve para la liberación de la muerte y la restitución inestimable de la salud, puede justamente exigir de mí un precio equivalente, es decir, inestimable.

Parece que sí:

Debido a que en los productos, como se ha dicho anteriormente, el valor y el precio son estimados por el uso y utilidad más que por las cualidades naturales inherentes a ellos.

La equidad de la justicia conmutativa quiere que cuanta utilidad yo reciba, igual dé.

A la pregunta planteada respondo diciendo que: si el precio de las cosas necesarias para nuestra vida fuese determinado de acuerdo con la equivalencia de la utilidad personal que nosotros tenemos de ellas, sería, de cualquier manera, casi incalculable. De hecho, un vaso de agua dado a un hombre sediento que está a punto de morir de sed, vale, en este caso, una cantidad infinita de oro y mucho más.

Puesto que en los contratos civiles y humanos el objetivo principal es el bien común de todos, la equidad en determinar los precios tuvo y tiene que ser medida con respecto a eso, o sea conforme a lo que sirve al bien común, porque no hay nada más injusto que afectar el bien común y universal a favor del interés particular y privado.

De hecho, en este principio está contenido de forma fehaciente una particular refutación que está claramente ilustrada en nuestra hipótesis.

Porque si por un poco de agua o un poco de fuego para mí supremamente necesarios, estuviera obligado a dar el equivalente de mi supervivencia, para la cual los necesito, entonces por la misma razón, en un caso similar, por un sorbo de agua tú estarías obligado a darme lo mismo; lo que sin duda sería una carga injusta e intolerable. Por otra parte, este tipo de desequilibrio desarraigará cualquier sentimiento piadoso y humano, sobre todo en los casos de necesidad que requieren un mayor respeto y conmiseración. No sea, pues, que la equidad virtuosa y verdadera se ponga, de este modo, en contraste con la compasión y la sociabilidad humana.

Por lo tanto, establecido que el precio de las cosas y de los servicios se determina con referencia al orden del bien común, en esta materia se debe dar importancia, ante todo, y principalmente, a la evaluación y a los precios habituales que son normalmente utilizados por la comunidad de ciudadanos. Esta estimación conjunta por lo general se adhiere a cuatro circunstancias.

En primer lugar, a un cierto orden natural de los bienes útiles. Algunos de ellos son como la materia y los materiales constitutivos de los otros, como lo son los elementos con respecto a los cuerpos compuestos: correspondientemente el uso que hacemos de ellos es más indistinto que el de sus compuestos más frecuentes. Como es el caso de la utilización del agua con respecto al vino y el uso de la tierra con relación al trigo y el pan.

Hay cosas físicamente más resistentes y flexibles y, por tanto, en los servicios que nos hacen, algunas se desgastan más rápidamente que otras, o incluso su uso se identifica con su consumo como en el caso de la bebida y de la comida. Otros son más duraderos y dúctiles como en el caso del uso del caballo y del oro.

Además, algunas cosas son naturalmente más elegantes y hermosas que otras y, por lo general, en el uso resultan más agradables para el disfrute de nuestra voluntad y nuestros sentidos, como es evidente en los colores de los tintes, de los vestidos, de las joyas, de los olores de los aromas y en la variedad de los sonidos de los instrumentos musicales. Desde entonces, en estos bienes el orden común de la naturaleza concuerda con el orden común de nuestro uso, de ahí la razón por la cual la estimación normal de los precios antepone el uno al otro.

En segundo lugar, la estimación común considera la tendencia general de la escasez y de la abundancia de las cosas; por eso se suele decir que *todo lo que es raro es valioso y caro*, y que la excesiva familiaridad y abundancia engendran disgusto. De hecho, cuanto más rara y difícilmente podamos llegar a poseer un bien, tanto más lo valoramos maravilloso y más allá de nuestra capacidad. Nos admiramos de las cosas difíciles e inusuales para nosotros, y luego donde el oro o el trigo públicamente sobreabundan, no tienen tanto precio como cuando hay de ellos comúnmente una gran escasez. Y lo mismo sucede donde hay una abundancia general o escasez de médicos, abogados, combatientes o excavadores.

En tercer lugar, tiene en cuenta el trabajo, el riesgo y la industria necesaria para producir bienes o servicios. Los bienes o servicios agotadores, que se realizan o son puestos a disposición de forma rutinaria con más peligro y trabajo, en igualdad de condiciones, los evaluamos a un precio mayor. Por lo tanto, en las regiones que distan más de Francia o de ultramar, los mismos productos suelen tener un precio más alto. Incluso aquellos que, en igualdad de otras condiciones, por lo general requieren más industria, suelen estimarse en un precio más alto. Y así, a los excavadores y los mamposteros, aunque trabajen físicamente más, no se les paga un salario tan alto como al arquitecto que con notable habilidad y maestría les da órdenes y los instruye para hacer los trabajos.

Por la misma razón que el grano alcanza un precio más alto que el de las hierbas silvestres, como medicinas sin duda más eficaces, ya que no necesitan tanto trabajo duro ni la habilidad para ser recogidas y su disponibilidad es comúnmente obtenida sin mucho gasto.

En cuarto lugar, en la determinación de la remuneración la estimación común considera todos los niveles y la jerarquía de los oficios y dignidades anexas a ellos. Así que al general se da un mayor salario que al caballero y al soldado más que al escudero y soldado de infantería. Esto se puede explicar por tres razones.

La primera proviene de lo dicho anteriormente: porque para ejercer las profesiones más prominentes adecuadamente, se requiere mayor destreza, industria, un compromiso intelectual mayor y tales capacidades ordinariamente se adquieren con aplicación intensa y prolongada, con la experiencia, el trabajo duro, muchos riesgos y costos, y porque las personas adecuadas a este son pocas y excepcionales, por lo tanto, se consideran dignas de una recompensa mayor.

La segunda razón es que contribuye a la dignidad y al interés de la comunidad cívica que sus líderes se posicionen en una visible superioridad y dignidad, equipados con signos externos de respeto y reverencia. Esto no quiere decir que estas personas, sobre todo si son eclesiásticos, no deban ofrecer a sí mismos el ejemplo de las obras de la humildad y de la santidad en lugar de la ostentación de las cosas temporales.

La tercera razón es que el oficio más alto muy a menudo impone costos más altos. El comandante de un ejército, de hecho, para dirigir bien todo el ejército y la sucesión de las batallas contra los enemigos, necesita de más medios que cualquier otro que esté subordinado a él.

Teniendo en cuenta las anteriores circunstancias, los precios se determinan y deben ser determinados, por lo tanto, razonablemente de acuerdo con el criterio en que resulten más soportables y beneficiosos para la comunidad, después de haber considerado todos los aspectos de cada punto de vista.

Todos, entonces, en sus contratos privados o en el cobro de los costos deben ajustarse a la forma y a los principios de la común estimación y determinación, de modo que un individuo no se ponga en contra de la sociedad de la que forma parte, comportándose de una manera vergonzosa, ilegal y rebelde y para que nadie, sea quien sea, por iniciativa propia, obstaculice el beneficio de todos y, en consecuencia, la común piedad y la justicia.

Por lo tanto, a la primera objeción, la respuesta se desprende de lo anterior, debido a que el precio de los bienes utilizables va ponderado en referencia a la necesidad y siguiendo el orden y el respeto por el bien común y el mismo uso común, y no con relación a lo que le es contrario y perjudicial.

A la segunda respondo que tengo que devolver la misma ventaja que se me otorga según la norma del bien común, que es evaluada colectivamente y no de manera distinta, debido a las razones ya relacionadas. De lo contrario no tendríamos, de hecho, la proporción de una justicia virtuosa, sino una injusticia cruel e inhumana.

❖

De lo anterior surge una tercera pregunta que debe ser contestada: si el precio de los bienes pudiera ser aumentado a causa de la carestía o por su común o personal escasez

Parece que se puede demostrar que no:

Yo diría que el precio debería ser reducido, ya que, en ese caso, la caridad, la piedad y las necesidades de los pobres exigen más que el precio disminuya en lugar de aumentar.

Por lo contrario, si uno recogiera el grano de todo el territorio en su hogar, podría, a su placer, aumentar el precio, y sin pecado, causar la más grande penuria. Tal cosa no parece ser en absoluto admisible porque impide y destruye el bien común e incluso la piedad.

En contra está sin duda el hecho, que se ha señalado antes: que una de las razones por las que la misma cosa se evalúa a un precio más alto, aunque no haya habido ninguna mejora, es su escasez; entonces la común escasez de trigo lleva a su ascenso y eso se llama hambruna.

Respondo diciendo que la escasez general de cualquier cosa implica una carestía común. En primer lugar, porque los poseedores de estos bienes los dan más difícilmente, y su colocación en el mercado se vuelve más cara para quienes los compran o para quienes sean sus propietarios. En segundo lugar, porque si en ese momento no fuese lícito subir el precio, con ello se perjudica el bien común, ya que los titulares no estarían dispuestos a vender a gusto a los que lo necesitan; entonces menos bien sería provisto por la escasez común.

Pero en las privaciones particulares de cada individuo, esto no debería tener lugar debido a que, en este caso, al aumentar el precio, se desviaría de la estimación ordinaria del bien común.

Tomemos el caso de un modio de trigo vendido en esta área generalmente por diez libras; y si en este mismo lugar, a los que lo necesitan, se vendiese a veinte libras, eso sería una abierta desviación de la evaluación común que es y debe constituir el ejemplo y la norma para aquellos que son parte de una comunidad y están sujetos a ella.

Si, sin embargo, una persona —que después de haber establecido en ese momento no vender a nadie su grano—, fuese requerido a ello por los necesitados, podría, sin culpa, subir el precio, pero de tal manera que este no sea motivo de usura y que el aumento no supere el límite y la medida de lo razonable.

De lo anterior queda clara la respuesta a las objeciones de ambas partes.

Si se preguntase acerca de un libro que en el comienzo de los estudios podría ser vendido por cien, y ahora, en el medio o al final de ellos, no puede ser comúnmente vendido sino por cincuenta; sin embargo, ¿puede ser vendido legalmente en cien por la única razón de que no encontramos otro en venta? ¿Sería eso lícito?

O, si un campo o una casa de campo valen cien de acuerdo con la común estimación, ¿se pueden comprar legalmente por cuarenta por el hecho de que después de la notificación pública no se encuentran los que quieren dar más?

Respondo diciendo que sí —por las mencionadas razones— que algo se aleje de los precios comúnmente estimados, no es ilícito en sí mismo; ya que un sistema de este tipo para vender derribaría de alguna manera la conducta ordinaria de la comunidad en relación con los estándares de esa coyuntura, es decir, desde la actitud general, en circunstancias normales y en términos de disponibilidad o no disponibilidad de inversión, para vender o comprar tales bienes. Por esta razón, con respecto a este caso, se evalúan generalmente alejándose del precio común establecido en absoluto o en abstracto.

Si, sin embargo, fuera de estas o similares consideraciones inherentes a toda la comunidad, el precio común se eleva o disminuye únicamente a causa de las dificultades o necesidades que tienen el comprador o el vendedor, entonces es un pecado y hay una manifiesta injusticia. A menos que el aumento o disminución sean tan mínimos que permanezcan contenidos dentro de los límites extremos del precio común o los excedan apenas sensiblemente. O cuando el precio está determinado por una venta pública o en subasta: en este caso, de hecho, puede ser comprado a ese precio, aunque valga mucho más, porque una proclamación pública o venta en subasta tiene fuerza de evaluación común de las cosas venales, y no se puede producir fraude debido a la ignorancia de las partes, como en el caso de los contratos ocultos.

❖

La cuarta pregunta se refiere a si el vendedor está obligado a decir o mostrar al comprador todos los defectos de la cosa ofrecida en venta.

La respuesta parece ser afirmativa:

Porque si no el comprador resultaría engañado.

Si alguien deliberadamente vendiese una cosa por más de lo que vale a un demente, a un niño o a una persona desprevenida e inexperta del valor y del precio de las cosas venales, pecaría y estaría obligado a pagar la restitución del sobrecoste. Por lo tanto, por la misma razón, en nuestro caso, estaremos obligados a hacer lo mismo.

Respondo diciendo que el vendedor está obligado a manifestar los defectos por los cuales el comprador sería engañado más allá del precio justo admitido, a fin de que los conozca o los suponga con una cierta validez Y sobre todo cuando de esto pudiera derivar un gran peligro para el comprador como —por ejemplo— si la nave en venta tuviese un defecto tal que el comprador navegando con ella pudiese correr peligro de naufragio. Lo mismo puede decirse del defecto oculto de un caballo para el soldado que lo compra ya que podría caer en la batalla, o de los defectos de los jarabes y envases médicos que los perfumistas y los farmacéuticos venden.

En estos casos, el vendedor está obligado a reparar cualquier daño que pudiera ocasionar.

Si, en vez, ningún peligro amenaza el comprador y no excede el justo precio, o al menos no demasiado, y si el comprador se considera bastante experto en las compras y los bienes están expuestos cuidadosamente para que puedan ser examinados a beneplácito, el vendedor no está obligado a revelar los defectos, especialmente si no los oculta, siendo el único propósito obtener su justo precio, porque suele suceder que si el comprador conociese esos defectos no querría pagar según el precio justo.

Parece claro, sin embargo, que una persona íntegra se sentiría en el deber de manifestarlos, excepto en los casos en que esto fuese en sí mismo más de daño que beneficio o sea que dañara a la caridad, al comprador o al bien común.

La respuesta a las objeciones se desprende de cuanto ha sido dicho:

Engañar es algo más que ocultar, especialmente en el sentido antes mencionado. No siempre quien calla la verdad engaña.

Ni es lo mismo vender a un demente, a un niño o a uno completamente ignorante de los precios que vender a un hombre suficientemente hábil y sabio.

❖

La quinta pregunta investiga si la suma que en los citados contratos excede ilícita y culpablemente el justo precio, pertenece, según Dios o la ley divina, a la persona de la que se obtuvo ilegalmente.

Parece que sí, porque todo lo que en el contrato es ilegal y constituye pecado se establece contra la ley divina, y no obtiene ninguna validación de ella, de hecho, todo lo contrario; ninguna excedencia ilícita del precio puede ser adquirida en virtud de la ley divina por los que pecan contra la misma para obtenerlo.

Se opone, sin embargo, el hecho de que —razonando de esta manera—, cualquier exceso ilegal del precio sería un pecado mortal para los que lo consiguen, porque equivaldría a usurpar los bienes de otros como tal. Cualquier comprador o vendedor estaría obligado a devolver dicha excedencia, de manera que todos los que no la retornen serían condenados.

Respondo diciendo que no todo el excedente del precio justo pertenece a la persona de la cual se ha obtenido; esto se evidencia con cuatro razones.

La primera razón se debe a la consideración de toda la comunidad, ya que lo que nace por el consenso y la decisión común y se refiere al bienestar público de todos, por lo tanto, tiene la misma equidad y la fuerza del derecho común. Sin embargo, el consenso y la práctica común no requieren que cada excedente de dinero sea reembolsado en tales casos; y esto conduce a la paz temporal y a la salvación espiritual de la comunidad y de sus componentes.

La paz beneficia efectivamente porque —de lo contrario— pudieran derivarse de eso quejas y disputas sin fin. Propicia, entonces, la salvación espiritual, porque es muy difícil preservarse de dicho exceso de precio por completo en estos contratos, especialmente para las personas imperfectas que buscan ansiosamente la ganancia y que constituyen la mayoría de la familia humana, sería muy peligroso para todos si no fuese permitido reclamar y conservar nada de tal exceso.

La segunda razón se plantea en relación con la providencia de Dios. Después de la caída del primer hombre, ella condesciende ciertamente en más formas a la debilidad humana de la cual no pretende hasta el final una justicia estrictamente perfecta, integra y rectísima.

La recta razón, de hecho, enseña que una persona enferma se debe gobernar y dirigir de una manera y una persona sana de otra. Es por eso por lo que, en nuestro caso, no cada vicio se reconoce como mortal.

Pero consta en el Decálogo y otros pasajes de la Sagrada Escritura que cualquier robo o hurto, y cualquier otra usurpación deliberada y voluntaria de lo ajeno contra la voluntad del propietario, es un pecado mortal. Por lo tanto, el exceso del precio de venta no es un robo o hurto o apropiación indebida de la propiedad de los demás.

La tercera razón se deduce de la propia forma y del propósito del contrato conmutativo, que se origina y es ratificado por un libre y pleno consenso de ambas partes, por lo tanto, si ya que el comprador desea más el bien comprado que su precio y el vendedor lo contrario, los dos, con pleno consentimiento, proponen ceder su propiedad transfiriéndola totalmente al otro. Y si de alguna manera quedan defraudados, en contra de su intención y estimación, sin superar una cantidad excesiva, prohibida por la ley divina y humana, queriendo que el contrato mutuo se ratifique y sea estable. También se puede dar el caso de que libre y expresamente tengan la intención de renunciar a tal ley en todo lo que establece por sus compensaciones temporales. Así que no están obligados a realizar ninguna restitución, bien porque no existe un enorme exceso, o tal vez no haya excedente, ya sea porque como uno ha podido dar todo sin algún precio, en la misma manera puede vender o dar a mitad de precio.

La cuarta razón deriva tanto de la incertidumbre de la evaluación humana en fijar estimativamente precios justos en absoluto, como en discernir precisamente los remanentes en exceso o defecto del precio justo. Así que una desviación no puede ser considerada enorme por nadie, ni para la evaluación personal, ni apelando a una estimación general: en comparación con nuestra opinión, el precio, que se mide por el grado correspondiente, no se aleja mucho de la moderación de la justa medida para que no pueda ser considerado de alguna manera incluido en el mismo. Así como el mosto o el vino agrio y vinagre no dejan de ser una especie de vino, tanto que se incluyen todavía en él.

A la primera objeción respondo, diciendo que en tales contratos se tiene que prestar atención principalmente a dos factores, a saber: a la voluntad o la materia extrínseca y al mismo acto de intercambio.

La disposición contiene algo de injusto en la medida en que persigue deliberadamente cierta desigualdad para con el prójimo, ya que desea en el contrato una parte mejor que la otra, o sea tiene algo de injusticia. Y si esta injusticia no alcanza al pecado mortal puede ser expiada con la contrición y con la satisfacción penitencial, o con el fuego del purgatorio, al igual que todos los demás pecados veniales.

Pero, en cuanto al acto de intercambio o permuta, se podría argumentar que implica una cierta desigualdad si se presta atención a la verdadera estimación de su precio, ya que en esta habría desigualdad en comparación con la determinación común, con la condescendiente ley de Dios y con el libre consenso de las partes. De hecho —más bien— tal acto implica una equidad indulgente, flexible y saludable; por eso en este ámbito recibe la fuerza de la firmeza del derecho divino y humano.

Sin embargo, debido a la desigualdad deseada por la voluntad y presente en la conmutación natural, sería consentáneo a la perfección de la equidad y de la justicia que fuese devuelto al defraudado cada excedencia deliberadamente realizada o por lo menos, para la salvación de sus almas, entregada a los pobres; y de esto se podría beneficiar más el defraudado, a menos que el mismo esté en una situación grave.

❖

En sexto lugar se pregunta si la persona que compra cualquier cosa para venderla de nuevo con un precio aumentado, sin haberla cambiado ni tampoco mejorado, como suelen hacer los comerciantes, comete, al hacerlo, un pecado mortal.

Parecería que peca mortalmente por las siguientes razones:

¿Por qué un comercio en el que todas las actividades esenciales y la intención se basan únicamente en la injusticia parece mortalmente pecaminoso? Porque de hecho no solo contiene una frecuencia desproporcionada de los pecados, sino también una disposición causal y radical para ellos.

Sin embargo, en el comercio lucrativo la totalidad de la actividad esencial y la intención de la profesión tienen como propósito la injusticia y la desigualdad, es decir, el deseo de comprar una mercancía en menos de lo que vale para venderla por más.

Crisóstomo en la obra *Sobre Mateo*, comentando sobre el cap. XXI: «*Él echaba a todos los vendedores y los compradores del templo*» (Mat 21, 12), afirma que con esto

Cristo señaló que el comerciante no puede nunca agradar a Dios[3]. «Y entonces ningún cristiano debería ser un comerciante o, si lo quiere ser, que sea expulsado de la Iglesia». Y poco después añade: «El que compra y vende no puede hacer eso sin ser perjurio»; este se ve, de hecho, obligado a jurar que el producto que vende vale realmente tanto. Y más adelante: "No es un comerciante el que compra una cosa para venderla intacta y sin cambios, sino para transformarla. Él realmente no vende el material en sí, sino más bien su trabajo, como el herrero que compra y produce objetos de hierro, dicho hierro, sin embargo, no tiene el mismo valor de la obra forjada y se calcula de acuerdo con el trabajo que el herrero le confiere. Quien luego compra una cosa para venderla intacta y sin cambios con el propósito de lucro propio es el comerciante expulsado del templo de Dios»[4].

Todavía sobre el cap. XXII de Mateo: «*Se fueron uno a su campo, uno a su negocio*» (Mat 22, 5), dice que en estas dos frases se incluye toda la actividad humana: a saber, honesta y deshonesta. Honesta es sin duda la agricultura, como dice el Sabio: «No desprecies la dura vida rural y la agricultura creada por el Altísimo» (Ecl 7, 15-16). Profesión deshonesta ante Dios es la actividad mercantil o cuando se trata de dignidad civil o de grados militares[5] esforzarse en ocupar cargos honoríficos. Esto dice Crisóstomo.

---

[3] Pseudo Crisóstomo, *Opus imperfectum in Mattheum*, Homilía 38.
[4] Pseudo Crisóstomo, *Opus imperfectum in Mattheum*, Homilía 38.
[5] Pseudo Crisóstomo, *Opus imperfectum in Mattheum*, Homilía 41.

Del mismo modo en el Eclesiástico XXVII se dice: «El que trata de enriquecerse desvía la mirada» (Ecl 27, 1-2), es decir, de la justicia y de Dios. Y para probarlo y aclarar mejor, se añade: «En la grieta de las rocas se clavan las estacas; así se mete el pecado entre la compra y la venta» (Ecl 27, 1-2), de aquellos que buscan enriquecerse. Entonces el comerciante mercader es esto, y así luego, etcétera.

De la misma manera en el último capítulo de Zacarías, para una expiación completa del pecado se promete que «en ese día no habrá ningún mercader en la casa del Señor de los ejércitos» (Zac 14, 21).

Respondo diciendo que no es necesario pensar que el ejercicio mercantil en sí mismo incluye directamente el pecado, aunque en la práctica esto es muy raro y difícil.

Que, considerado en sí mismo, es lícito, se comprueba con tres razones, dos testimonios y la autoridad.

La primera evidencia viene de las ventajas indiscutibles y de las cosas necesarias de las que se beneficia la comunidad por las acciones y la profesión de los mercaderes y, junto con esto, a través de los trabajos onerosos, los riesgos, los gastos, las pericias y las provisiones atentas que este oficio requiere.

Se sabe que muchas cosas carentes en una ciudad o territorio, en cambio abundan en otro. Pero los que están empleados en la agricultura y en otros trabajos manuales, o en el gobierno público del país o en el ejército, no pueden de forma cómoda y fácil viajar a regiones distantes para comprar y llevar las cosas que necesitan. De hecho, pocos poseen la habilidad y experiencia apropiadas para ello. Por esto resulta conveniente para la comunidad que para estas tareas sean designados algunos individuos adecuados para ello, y a los cuales sin duda corresponde algún tipo de recompensa, ya que, según el Apóstol I, Corintios IX —«*nadie milita a sus propias expensas*» (1 Cor 9, 7)—, y sería difícil encontrar a quien quisiera ser empleado sin ganancia en este trabajo.

Además, estos comerciantes exponen a muchos riesgos su propio dinero, su vida y también los bienes comprados con su moneda. Y ni siquiera están seguros de recuperar el capital de la venta de los bienes adquiridos. De hecho, nunca podrían ser idóneos para ello, si no fuesen expertos peritos en evaluar con precisión el valor de los bienes, los precios y los beneficios.

Pues, si no fuesen respetables y leales, las poblaciones de los distintos lugares no confiarían en ellos, como lo exige esta profesión. Y, por último, si no tuviesen suficiente dinero, no podrían abastecer los mercados, en casos necesarios, con bienes abundantes y caros.

De todo esto se concluye abiertamente que los comerciantes pueden y deben obtener un beneficio razonable en las circunstancias antes mencionadas; y todavía se deduce que pueden subir el precio de sus productos, hasta un límite congruo.

La segunda razón deriva del hecho de que, a pesar del beneficio razonable de los comerciantes, todos aquellos de quienes compran y a quienes venden, pueden también traer una ganancia especial, la experiencia nos enseña eso cada momento, porque lo que en un lugar es abundante y barato, en el otro es raro, caro e indispensable. Así que, después de que los artesanos y los agricultores vendan sus productos con un suficiente beneficio económico, los comerciantes también pueden tener su ganancia debido al beneficio de los demás.

La tercera razón proviene del equivalente de la igualdad y con eso de la amplitud del precio justo, que es divisible en un máximo y un mínimo.

De igualdad, porque el adquiriente, para su compra, no debe encontrarse en una condición peor que en la que se encontraba el fabricante o el posesor. Presumiendo que antes hubiese podido o sabido vender a idéntico precio al cual lo vende enseguida el comprador o el comerciante, parece que legalmente pudiera hacerlo, a menos que sobrepasara notablemente al precio justo y razonable. Así que, por la misma razón, es lícito para un comerciante.

A partir de la amplitud de los precios: ya que como el arte y la maestría del artesano se vuelven para él legalmente lucrativos, así mismo, la destreza del comerciante en investigar a fondo entorno al valor y precio de las cosas y en llevar el precio justo hasta las más pequeñas minucias, le otorga una lícita ganancia. Especialmente cuando al hacerlo —estando sujeto a la amplitud del precio justo—, él frecuentemente resulta de beneficio común para los otros ya que aprenden cómo establecer de manera más sutil los valores y los precios de las cosas.

Por otra parte, en los asuntos civiles y contingentes se presentan diversas oportunidades y ocasiones para vender y comprar ventajosamente las cosas; y esto también proviene de la orden de la providencia de Dios, al igual que otros bienes humanos. Así que, si uno gana eso, se trata de un don de Dios y no de mal, siempre y cuando no se exceda la debida medida.

En cuarto lugar, se convence por la Escritura, porque si el comercio fuese en sí mismo un pecado, por lo menos mortal, lo hubiera prohibido expresamente y, especialmente, cuando casi todo el mundo siempre y públicamente se dedica a esta actividad.

Pero eso la Escritura nunca lo hace, si no —a veces— debido a las circunstancias, como comerciar en sábado o en el templo, por lo tanto, la actividad mercantil, como tal, parece estar permitida.

Así que cuando el primer libro de Esdras, en el último capítulo (II Esd 13, 19-20), prohíbe que ninguno tenga carga en el día de sábado, y que en ese día los comerciantes vendan cosas venales, parece que eso está supuesto y admitido en todos los demás días.

Incluso en la epístola de Santiago, en el capítulo IV (Sant 4, 13-15), donde está inicialmente condenada la esperanza ilusoria y la vana espera de actividades e ingresos futuros de las que algunos dicen: «mañana o durante el año, haremos negocio y obtendremos ganancias» (Sant 4, 14), no está prohibido el comercio lucrativo, sino todo lo contrario, ya que parece estar permitido donde el autor acepta que —en la forma antes mencionada de hablar— ellos digan: «Si Dios quiere, viviremos y haremos esto o aquello» (Sant 4, 15).

En quinto lugar, lo confirma la autoridad de la Iglesia universal que no condena a los comerciantes que ganan en un grado congruo, y de hecho los justifica, a menos que se escondan en ellos pecados de otro tipo.

Por lo tanto, a la primera objeción respondo que, aun cuando en la conmutación mercantil, según su consideración absoluta, no hay una perfecta adecuación del precio a la cosa comprada o vendida, esto, sin embargo, no acaece con respecto al bien común de la *res publica* y a los peligros y a las cargas de los comerciantes como se ha dicho más arriba. Por otro lado, tal defecto de adecuación no difiere mucho de la igualdad aun cuando no quede incluido en la misma, de alguna manera, como se ha demostrado.

Tampoco es cierto que un comerciante honrado quiera por lo general vender la mercancía, a mucho más de lo que vale, de manera que se aleje, sin duda, de su amplitud, es decir de los límites extremos del precio justo, a pesar de que se desvíe de la perfecta e indivisible entidad de su media.

A la segunda objeción respondo: o bien Crisóstomo habla de un modo exagerado —por el hecho de que son pocos los comerciantes que en su actividad buscan y observan la ya mencionada medida de la justicia o que no pecan con muchos otros vicios— o bien, sin duda, no hay que escucharle en su declaración. No tiene de su parte ninguna razón convincente, ni la autoridad de la Escritura. Seguramente ese razonamiento no puede derivar del pasaje mencionado de la Sagrada Escritura porque allá

Cristo ataca genéricamente a todos los que vendían y compraban en el templo; no es necesario, pues, pensar que todos eran mercaderes en el sentido estricto de la palabra.

Además, Agustín dice: «Qué habría hecho Cristo si hubiese encontrado en el Templo estafadores u otros malhechores ya que expulsa de allá a los que hacían cosas en sí mismas legales?»[6]. En aquel momento Agustín asume abiertamente que los comercios sean en sí mismos legales.

A la tercera objeción respondo diciendo que es cierto solo en el caso de aquel que desea hacerse rico sin medida e indebidamente. Ahí se habla de la compra y la venta no consideradas en sí mismas, sino en relación con la codicia, el fraude, la mentira, el perjurio y las muchas ocasiones de mal vinculadas fácilmente y de muchas maneras a este tipo de negociaciones.

A la cuarta objeción respondo diciendo que es cierta al hablar de la casa del Señor en el estado de gloria de la patria eterna, o de la condición religiosa evangélica o eclesiástica para los que la observan; o de la negociación en un lugar sagrado que se dedica exclusivamente a la oración y a las funciones sagradas. Es falsa hablando en forma abstracta y general.

❖

---

[6] Agustín, *In Iohannis evangelium*, 10, 4.

En séptimo lugar se pregunta si peca mortalmente y está obligado a devolver el dinero defraudado quien en secreto añade a las mercancías en venta mezclas manipuladas o combinaciones ocultas —como hacen habitualmente los vinateros mezclando agua con vino para venderlo, o como algunas personas que de forma artificial y fraudulenta humedecen pimienta y jengibre— o quien con mentiras exagera más allá de la justa medida del valor y del precio de las cosas y por eso logra vender más caro.

Y parece que sí, debido a que Isaías I (Is 1, 22-25), cuenta entre las injusticias criminales las mezclas de este tipo cuando dice: «Tu plata se ha convertido en escorias, tu vino está mezclado con agua» (Is 1, 22); otra versión cuenta: «tus posaderos y taberneros mezclan agua con vino»[7]. Dice así: «La plata se convierte en escoria», es decir, por la mezcla de estaño y plomo. Así que un poco más adelante, añade: «limpiaré hasta lo más puro tus escorias, y quitaré todo tu estaño» (Is 1, 25).

Respondo diciendo que si aquellos, como resultado de estas mezclas, venden a un precio que va más allá de los límites extremos del precio justo, están obligados a devolver todo aquel exceso.

Si, pues, no tienen la intención con ello de conseguir pronto y sin mucho desperdicio de palabras más que el precio justo, entonces, por supuesto, no están obligados a la restitución, si saben de manera cierta o muy probable que no se ha sobrepasado el precio justo; de lo contrario,

---

[7] Pedro de Juan Olivi, *Lectura super Isaiam.*

si lo dudan, están obligados a devolver en la medida en que ellos están seguros de su fraude.

También hay que tener en cuenta que ciertas adiciones son artificiales y no van a aumentar o disminuir de ninguna manera el valor de las cosas. Al hacer esto, no se peca si actuamos con la única intención de obtener un precio justo y moderado. En cambio, hay otras mezclas que disminuyen considerablemente la calidad y el valor de las cosas y van completamente en contra de las intenciones individuales y colectivas de los compradores. En estos casos, creo que se peca mortalmente, por lo menos si se actúa de forma sistemática, aunque de eso no se obtenga nada más que el precio justo. Si, sin embargo, la disminución de las características naturales es leve y el precio es justo, entonces creo que se trata solo de pecado venial.

Si, después insistimos, como hacen a veces los vinateros, alegando que todos pueden mezclar a sus bienes las sustancias que quieran, por lo menos hasta que se hayan puesto a la venta —como es por el encante de vino después su exhibición—, respondo que es lo contrario. Ellos saben que la ley y las costumbres de la comunidad requieren que el vino o sea vendido genuino o se declare públicamente su alteración. La intención y la confianza de todos los compradores es comprar vino puro. Así que los productores de vino van en contra de todos en manera fraudulenta.

Aunque en sí mismo, está permitido mezclar algo con sus productos, esto, sin embargo, no puede suceder con la intención y propósito de la venta de ellos en contra del derecho común y de la intención de los compradores, porque entonces eso pasaría con el perjuicio de los otros. De lo contrario, uno podría legítimamente mezclar también veneno en su vino.

Se debe saber que, si el vendedor tiene tanta reputación y notoriedad en la población, o vive tan irreprochablemente que de su palabra se confía tanto o no menos que del juramento de los demás, entonces es con dificultad que sin cometer un pecado mortal altera con la mentira el precio de los bienes y afirma falsamente que «tanto me ha costado» o que «por tanto lo pude obtener». Porque sucede exactamente como si el comprador confiara en la buena fe del vendedor, el cual, al aceptar esta, luego vendiese sus bienes infielmente pasando sobre la confianza dada y recibida. En este caso, de verdad se vería obligado a restituir lo que haya defraudado y también pecaría mortalmente por actuar en contra de un acuerdo de mutua confianza.

Después de esto, pasamos a tratar los contratos usurarios.

SOBRE LAS USURAS

Uno se pregunta si por la concesión de un préstamo el obtener más de lo que se ha prestado está en contra del derecho natural y divino.

La respuesta parece negativa:

Porque es obvio que la recepción de un préstamo y el objeto prestado mutuamente confieren una ventaja económica a los que han recibido el préstamo. Por lo tanto, este beneficio económico se puede estimar y compensar con un precio que se determinará de conformidad con la equidad natural.

Además, es justo y equitativo que el perjuicio del acreedor, o del prestamista, sea recompensado por la persona que recibe el préstamo. Considerando que el prestamista, además del valor intrínseco del dinero prestado, se priva del uso de ese dinero, que es para él una fuente de ingresos o podría serlo; por lo tanto, además del valor intrínseco del dinero, debe ser recompensado con algo más.

Y luego es justo y lícito prestar un servicio por otro, un favor por otro y, en consecuencia, es lícito y justo que esto esté garantizado por un pacto, entonces se podrá suscribir con un acuerdo, al menos, lo que él debe al prestamista, es decir, un capital mutuado equiparable, un servicio o un beneficio equivalente.

Aun así, la recepción de un beneficio no quita a quien obtiene el préstamo la potestad de dar, ni al prestamista la licencia de recibir, más bien la aumenta. Como antes de conceder el préstamo era lícito que el prestamista esperase recibir algo más, ahora, después de la concesión de este, todo ello resulta mucho más lícito.

Por eso, dar pequeños regalos o premios de agradecimiento por un préstamo recibido —cosa que de ninguna manera afectará al donante— es ciertamente un signo y una obra de gratitud que empuja al prestamista, y a los otros también, a conceder de muy bien grado el favor de un préstamo. Por lo tanto, parece ser, al menos, admisible recibir estas cosas, junto con la devolución del préstamo.

Igualmente, por esa misma razón se le permite alquilar un caballo o una casa, por lo que, además de la propiedad arrendada también recibirá un cierto precio por el arriendo, por la misma razón —como parece— es lícito prestar cereales o dinero, a fin de recibir, con la restitución de las cosas, incluso un cierto precio.

Además, Dios no permite de ninguna manera el mal de una culpa como si fuera una cosa buena, pero prestar a interés, es decir, prestar a usura, es una de las cosas permitidas por Dios en el capítulo XXVIII del

Deuteronomio, donde se dice «El Señor bendecirá todo el trabajo de tus manos. Tú le prestarás a muchas naciones, pero no tomarás prestado de nadie» (Dt 28, 12).

Y entonces lo que es naturalmente injusto por su naturaleza no se debe hacer, pero en el Deuteronomio, capítulo XXIII, Dios concede prestar a interés al extranjero cuando dice: «Del extraño podrás exigir interés, mas de tu hermano no lo exigirás» (Dt 23, 20-21). Por lo tanto, prestar a usura no es injusto por naturaleza, ni está en contra del derecho natural. Y de este punto habla Ambrosio, en el pasaje que se encuentra en la *Causa XIV*, número 4: «Exige la usura de la persona a la que desea hacer daño de verdad, a quien por derecho son dirigidas las armas, también se dirijan a él legítimamente los préstamos de usura», y finalmente concluye: «pues, por lo tanto, donde se aplica el derecho de guerra, allá encuentra justificación el derecho de usura»[1]. También sabemos que en el derecho de la guerra no es lícito ir en contra de la ley natural, así al igual que con la usura.

Por último, si el contrato usurario fuese malo con relación al prestamista, lo sería también para el receptor del mutuo, porque toda la fuerza de los contratos proviene de la aprobación unánime de ambas partes y, consecuentemente, incluso su malicia. Pues, por otro lado, querer que la otra parte peque mortalmente con el fin de aliviar la misma indigencia temporal o de procurarse un material

---

[1] *Decretum Gratiani*, C. XIV, q. 4 c. 12; Ambrosio, *De Tobia*, 15:51.

útil, es acción malvada e impía, sobre todo si el préstamo ha sido inducido por reiteradas y apremiantes solicitudes.

Respondo diciendo que recibir algo más o un valor superior al mutuo o por causa del préstamo es contrario al derecho divino y natural. Esto se prueba en primer lugar con la autoridad de la Escritura.

De hecho, *Ezequiel*, en el capítulo XVIII, condena el préstamo entre los crímenes horribles a ser castigados con la muerte eterna, sobre todo en ese punto en el que, premisos muchos pecados que deben evitarse, añade: «*no prestará a interés, ni recibirá más de lo que hubiera dado*» (Ez 18, 8). Y luego dice: «*Si un hombre justo engendrara un hijo ladrón, asesino, adúltero, idólatra, y que presta a interés y exige con usura, ¿vivirá? ¡No vivirá! ¡Ha cometido todas estas abominaciones, ciertamente morirá!*» (Ez 18, 10-13). Y luego otra vez entre cosas parecidas dice. «*si no cobra interés ni usura... no morirá*» (Ez 18, 17).

También en el Salmo LIV se lee: «*He visto iniquidad y contradicción en la ciudad. Y fatiga e injusticia hay en medio de ella; la usura y el engaño no se apartan de sus plazas*» (Sal 54 (55), 10-12). Y de nuevo en los Salmos: «*Oh, Señor, ¿quién habitará en tu tabernáculo?*», se afirma que es inocente el que no da su dinero a usura (Sal 14 (15), 5).

Y también en el capítulo de los Proverbios XXVIII, «El que aumenta sus riquezas con usura y préstamo a interés, las amontona para el hombre generoso —es decir misericordioso— en favor de los pobres»[2], ya que las riquezas le serán sacadas al usurero y le serán dadas al generoso. Y luego, en Éxodo XXII, se afirma que la usura es la opresión de los pobres en ese verso que dice: «Cuando prestares dinero a uno de mi pueblo, al pobre que está contigo, no te portarás con él como acreedor, ni le impondrás usura» (Ex 22, 25).

Por todo eso se argumenta en el *Salmo del Mesías*: «*De las usuras y de la iniquidad redimirá sus almas*» (Sal 71, 14), es decir, de los opresores injustos e impíos. Es por eso por lo que la usura es llamada por algunos la «mordida», ya que siempre lleva algún mordisco indebido de los bienes de los otros.

Ahora, también está claro que la opresión impía de los pobres es un acto contrario a la ley natural.

En el *Levítico* XXV, se dice: «No tomarás de tu hermano usura ni ganancia», y poco después, «*no le darás tu dinero a usura ni exigirás de tus víveres ganancia.*» (Lv 25, 36-37).

También en *Nehemías* V, se dice: «*Duramente reprendí a los nobles y a los magistrados. Y les dije: ¿exigís interés a vuestros hermanos?*» y luego «*la centésima parte del dinero, del trigo, del vino y del aceite, que demandáis de ellos, devolvedlo a ellos*» (II Esd 5, 7).

Sin embargo, queda —como algunos judíos sostienen— que recibir usura no está prohibido por la ley divina, la cual niega el préstamo solo respecto a los

---

[2] Prov. 28, 8: «El que aumenta su riqueza por interés y usura, la recoge para el que se apiada de los pobres».

mismos hermanos, es decir de los judíos, pero concede poder ejercerlo con los otros, se ve a propósito el paso del capítulo XXIII del *Deuteronomio*, del que ya hemos hablado precedentemente.

En primer lugar, en muchos autores anteriormente nombrados la usura es condenada de modo absoluto y sin ninguna excepción, como aparece en las palabras de Ezequiel, del Salmista y de Salomón.

En segundo lugar, si las usuras no fueran de por sí un mal —a veces en efecto pueden ser útiles a quien recibe el préstamo— entonces solo sería prohibida la utilidad del hermano y eso se averiguaría justo cuando se encuentran pocas personas dispuestas a conceder un préstamo sin la esperanza de una ventaja material. Si en cambio son de por sí un mal, entonces los préstamos usurarios son siempre y dondequiera un mal.

En tercer lugar, todos los hombres son naturalmente hermanos y prójimos, tanto por la común creación, para ser imagen de Dios y por la unívoca especie humana, como por el derecho a descendencia de este primer padre, Adán, o por fin según la admonición de Cristo en la parábola del samaritano.

En cuarto lugar: o el contrato usurero contiene en sí mismo una injusticia absoluta o la equidad; si contiene la iniquidad es malo por sí mismo y en cada lugar para todos. Si contiene la equidad, entonces no debería ser prohibido respecto al hermano.

En quinto lugar, respondo diciendo que este precepto no es ceremonial. Ceremonial es, de hecho, todo lo que no tiene en sí nada de bueno o malo, de útil o de inconveniente, sino que solo nos sirve para la significación, la determinación y la observación de ciertas reglas morales. En efecto, está claro que solo en el mutuo usurario y no usurario es posible hallar en sí mismos el bien y el mal.

Esto es evidente por la autoridad de los santos y de los pontífices romanos.

De hecho, Agustín, comentando el Salmo XXXVI, dice: «Si prestaras a usura a un hombre, es decir, si dieras a alguien un préstamo y esperarás recibir de él más de lo que has entregado, sea también trigo, vino, aceite, o algún otro bien material, serás un usurero y por esto tendrás que ser condenado y no alabado»[3].

Y el mismo Agustín, en carta a Macedonio, añade: «¿Qué debo decir sobre las usuras, que las mismas leyes y los mismos jueces mandan devolver? ¿Es quizás más cruel el que sustrae algo o roba con la fuerza a un rico o el que asfixia al pobre con los préstamos usurarios?»[4].

También Agustín en el *Libro de la Palabra del Señor*, en el tratado XXV, dice: «No quieran recibir limosnas que provengan de préstamos y de hacer usuras»[5].

Además, Jerónimo, en el Libro VI del *Comentario a Ezequiel*, dice: «Algunos creen que la usura se puede encontrar solo en relación con el dinero, pero la providente

---

[3] Agustín, *Ennarationes in Psalmo 36*, serm. 3, n.º 6; *Decretum Gratiani*, II, C. 14, q. 3, c. 1.
[4] Agustín, *Epistulae*, 153, A Macedonio, 25; *Decretum Gratiani*, II, C. 14, q. 4 c. 11.
[5] Agustín, *Sermo*, 113 c.2, n.º 2; *Decretum Gratiani*, II C. XIV, q. 5, c. 1.

divina Escritura prohíbe la sobreabundancia a cualquier tipo de realidad, de modo que tu no recibas más de lo que diste»[6].

Incluso en los escritos de Ambrosio se lee: «Muchos, queriendo escapar a los mandatos de la ley, por haber prestado el dinero no exigen la usura en dinero, pero perciben mercancías como renta de los préstamos usurarios, a pesar de que la ley (Dt 23, 19-20) dice: No recibirás intereses usurarios en alimentos, ni en otros bienes»[7].

Por último, el mismo autor en el libro *Sobre el bien de la muerte* sostiene: «Si alguien recibe usura comete un robo y no vive la vida»[8]. Todas estas reflexiones se encuentran en el *Decreto* en la causa XIV, en las cuestiones III, IV, V donde hay varios capítulos de los concilios y de los pontífices romanos contra la usura.

En el *Liber Extra, Sobre las usuras* Alejandro III sostiene que «el delito de usura es condenado en ambos testamentos y, por lo tanto, sobre este tema no puede haber ninguna dispensa»[9]. En la misma obra responde al arzobispo de Salerno, que debe ser devuelta no solo la usura cometida después de la prohibición de la Iglesia, sino también las anteriores[10], añadiendo la palabra de San

---

[6] Jerónimo, *Comentario a Ezequiel*, VI, 18, 5-9; *Decretum Gratiani* II, C. XIV, q. 3 c. 2
[7] Ambrosio, *De Tobia*, 14, 49; *Decretum Gratiani*, II, C. XIV, q 3 c 3.
[8] Ambrosio, *De bono mortis*, 12, 56: ref. Ez. 18 13; *Decretum Gratiani*, II, C. XIV, q. 4 c. 10.
[9] *Extra*, V, t. 19; c. 3 y 4; Tercer Concilio Lateranense, c. 25.
[10] *Extra*, V, t 19 C. 4 y 5.

Agustín: «No será repuesto el pecado si no es devuelto lo que ha sido sustraído»[11].

Incluso en el *Liber Extra* Urbano III, a uno que le pregunta si en el juicio de las almas se tiene que considerar usurero el que concede préstamos con el fin de recibir más de lo que ha dado —sin poner de modo evidente esta condición en el contrato— o bien, el que por haber dado una dilación de pago vende sus mercancías a un precio más caro, contesta que «lo que en estos casos tiene que ser considerado se puede conocer de modo manifiesto en el Evangelio de Lucas, en el que se dice: «Prestad, no esperando de ello nada» (Lc 6, 36). Por lo tanto, tienen que ser empujados, con acción eficaz, durante la confesión (el juicio de las almas), a devolver cuanto han conseguido[12].

En tercer lugar, esto también se justifica en la necesidad de la equidad natural. La equidad es, de hecho, no exigir de un objeto más que su equivalente o igual. Pero en este argumento se exige más, porque consta que ninguna cosa vale más que ella misma, permaneciendo igual tanto aumentando como disminuyendo. Pues de esta consideración deriva que me tiene que devolver por un sextario de trigo de cierto precio, un sextario de igual medida y precio. Pues no se puede solicitar más sin una evidente violación de la equidad y la igualdad. La misma afirmación vale para todas aquellas cosas por las cuales es prefijada la medida del precio y de la apreciación.

---

[11] Agustín, *Epistulae*, 153, A Macedonio, 20; *Decretum Gratiani*, II, C. XIV, q . 6, c. 1.
[12] *Extra*, V, t. 19, c. 10.

También es manifiesta injusticia que me vendas algo mío y sobre todo durante el momento en el cual lo es de manera tan evidente, ya que el objeto prestado es del que lo ha recibido en préstamo. En eso, en efecto, el préstamo difiere del arriendo y del comodato: por esto se llama mutuo (*mutuum*), porque «de mío se vuelve tuyo»[13]. Por lo tanto, el uso de la realidad prestada y toda la utilidad derivada, por todo el tiempo por el cual ha sido prestado, son de aquel que ha recibido, no de aquel que lo dio. En consecuencia, quien le vende aquel uso, o bien, la utilidad, le vende lo que ya es suyo.

Entonces vender lo que no existe, o bien enajenar dos veces una misma mercancía es una evidente iniquidad, pero justo esto se averigua en el contrato de préstamo usurario; ya que en este caso el uso no está separado del consumo o de la alienación del bien útil, en efecto es tan inseparable la sustancia de la cosa que el dar o vender un objeto es idéntico a dar o vender su empleo y viceversa.

Pero el uso de dinero y monedas, como tales, y el uso de trigo o del aceite y productos similares se identifican con su alienación o su consumo, por lo que es lo mismo dar o vender estas realidades y dar o vender su empleo, y viceversa. Así que, cuando, además de la venta del objeto se vende su uso, o se vende dos veces esa misma realidad, o se vende algo que no existe. En esta argumentación asumo el término vender con el sentido de conceder una realidad a cambio de su equivalente. Justo de los dos

---

[13] Digestum, XII vol. 1, n.º 2 par, 2.

argumentos expuestos deriva el concepto de usura: se tiene usura cuando se vende el empleo que no difiere del objeto y un uso que ya no es del vendedor.

Además, vender a otro su misma actividad y sus actos significa venderle lo que ya es suyo y por consiguiente es una acción injusta; y en más vender el útil que proviene del dinero a través de la sola actividad de mercado de quien al que ha sido prestado, significa venderle su trabajo y sus fatigas y por tanto [es cosa injusta].

❖

También se sabe que el dinero, ya que es el precio de los bienes venales, no da ninguna ganancia, a menos que sea el resultado del trabajo y del acto del comerciante: por lo tanto, el dinero como tal no vale más que el precio al que se ha prestado.

Además, también se sabe que nadie vende o cambia el dinero, ya que es el precio de los bienes venales, si no es de acuerdo con el precio que tienen en aquella tierra. Por ejemplo, nadie vende o cambia cien libras esterlinas por ciento doce libras esterlinas.

E incluso cuando alguien paga a otro cien libras, nada se le debe a el que pagan por el acto de dicho pago. Pues, por el motivo que en el acto de vender o de ceder, el dinero no vale más que sí mismo, por la misma razón, tampoco en el acto de prestarlo vale más, sobre todo siendo el préstamo usurario un tipo de venta del dinero.

Elige, de hecho, cualquiera de las dos hipótesis: o el préstamo es una simple concesión libre, y luego —dentro de un tiempo determinado— se tendrá que devolver su equivalente, o es una venta. En ambos casos no hallarás que sea claramente injusto obtener de un préstamo más de cuánto se ha prestado.

Y otra vez, exigir de un lucro incierto y contingente, y con el riesgo de pérdida en el futuro, un beneficio seguro, sin riesgo de pérdida o daño, es ciertamente injusto, al menos cuando aquella ganancia en sí misma no proviene del objeto dado para obtener ese lucro. Pero eso es lo que acaece en un contrato usurario y por lo mismo en el derecho con la expresión *plus quam sorti* (más allá de la suerte)[14], se define aquella ganancia que se recibe por encima del capital, y que va más allá de la dudosa y fortuita suerte del lucro del mercader.

Por último, Aristóteles en el primer libro de la *Política*, en el capítulo VI, donde trata de la dúplice esencia del dinero, es decir aquella necesaria o económica, la cual deriva de los frutos de la tierra y de los animales, y aquella no necesaria o traslativa, que se genera de la misma moneda por medio de la usura aplicada durante su translación—, dice que esta práctica es justamente vituperada, ya que no está de acuerdo con la naturaleza y con mucha razón se odia[15]. Y está claro que Aristóteles siguió en esto solo un principio de natural equidad y derecho.

---

[14] *Decretum Gratiani*, II, C. XIV, q. 3, c. 4.
[15] Aristóteles, *Política*, I, 58a, 38-40 - 58b, 1-4.

Se debe saber que su malicia —más allá de la ya mencionada ruptura de la equidad natural— es un acto vehementemente impío y fraudulento respecto al prójimo: debilita y degrada toda piedad y toda buena gracia, distorsiona y hace mucho más depravada la persona del usurero. Es dolosa e impía hacia el prójimo, porque bajo el pretexto de la piedad y del auxilio, poco a poco y desde el principio casi imperceptiblemente serpentea y llega serpeando hasta a devorar totalmente sus bienes, como enseña una múltiple experiencia. Además, el usurero finge sentir piedad, allá donde siente solo y principalmente su propio beneficio.

Incluso es capaz de vender la benevolencia porque, de hecho, dar el préstamo por su naturaleza es una obra de gracia, como es la donación simple, está claro que la gracia del préstamo es vendida y por el gran número de ventas, la misma benevolencia se convierte en uso, en oficio y comercio. Así como la venta de la benevolencia contradice y rechaza considerablemente la benevolencia, de la misma manera dedicarse a la usura imprime un mayor y más difícil obstáculo para la gracia en la vida y el afecto del que la ejerce mal.

Pero la usura también es degradante para el mismo usurero, en primer lugar, porque crea un deseo insaciable de represión y avaricia. Pues según Aristóteles en *Política*, libro I, capítulo VI, el fin del usurero es acumular dinero. Pero el apetito de este fin, según el mismo autor, es infinito. Por eso buscamos una felicidad mayor que la que alcancemos a pensar en el infinito y lo más fuerte e intensamente que podamos[16].

De aquí lleva origen aquel dicho: «Aquellos que aman el dinero, utilizan todo su conocimiento, toda su industria y toda su fuerza para ganar dinero.» Y, por lo tanto, cuánto más fácil, cierto y seguro es el modo de aumentar el dinero, tanto más es atractivo y deleitable para quien se aplica en incrementarlo, a menos que tal exceso sea frenado por la virtud; pero el modo de aumentar el dinero a través de la usura es —entre otros— ciertamente el más fácil, el más cierto y el más seguro, por lo tanto, es el más eficaz para conseguir tal objetivo.

En segundo lugar, la usura genera la corrupción de la amistad y de la sociedad, ya que el usurero, como tal, no ama a nadie y no se asocia con nadie, sino por el beneficio del lucro.

En tercer lugar, es madre de ilegalidad, ya que trama muy minuciosamente con sutilísimos y dolosísimos contratos para ejercer el préstamo por múltiples vías y aumentar el lucro.

En cuarto lugar, quita la onerosidad para procurarse con todo debido modo los ingresos legítimos y sanos, por tanto, es madre de la pereza y de la ociosidad. Y por ello incita al hombre a indebidas formas de ganar.

En quinto lugar, genera un excesivo amor por esta vida. Y, como sexto efecto induce a desesperar en otra vida santa y buena, porque el usurero ve que no puede

---

[16] Aristóteles, *Política* I, 57b, 58a -34, 2.

alcanzarla salvo que devuelva, en la medida de lo posible, todas las usuras y en consecuencia él y sus herederos se reduzcan a una gran pobreza y deshonra.

De lo dicho, como séptimo efecto acaece la disipación de la fe católica, a fin de no creer que exista otra vida, ni que la usura sea un pecado, o que no vaya a sufrir por estas cosas u otras el juicio de la damnación eterna. Por todo esto, finalmente sigue la precipitación en la sima del infierno de todos los crímenes y de las ignominias. Hemos llevado todo lo dicho hasta aquí, no solo por el razonamiento, sino que también lo comprobamos a fondo con continuas experiencias prácticas.

Ahora contesto contra las argumentaciones expuestas al principio.

A la primera, se debe replicar, por el contrario, que no se puede con razón pedir una mayor recompensa, ya que, como hemos dicho antes, la cosa prestada no confiere un beneficio diferente al consumo o enajenación de la cosa y por lo tanto no se puede vender a un precio mayor que el de la misma realidad. Su conveniencia, por la sola razón del préstamo, es del que lo recibe o de su trabajo o el de los suyos, y por lo tanto no tiene que comprar (el útil), como si no fuera ya suyo.

A la segunda, hay que decir que si el prestamista, antes de prestar el dinero, estaba a punto de utilizarlo para operaciones de mercado, o bien estaba dispuesto a recibir de su empleo cierta lucro lícito, o comprando algo, o pagando, o bien estaba evitando un daño inminente con una adquisición lícita, y haya sido inducido al acuerdo, motivado solo por la piedad hacia la necesidad fraterna y de la solicitud de los ruegos, le aportaba su dinero a una persona con la condición que éste sea tenido a corresponderle un interés fijado por el lucro y por el daño, en esa situación el prestamista exigirá lícitamente y recibirá algo más que el dinero prestado. Sin embargo, no algo más que la antedicha suma, considerada en cuanto ya tenía en sí la fuerza y el valor del mencionado interés.

Pero cuando se hace un préstamo, excluidos estos casos, no se debe decir que el prestamista a causa del préstamo concedido sufra un daño en cualquier cosa que vaya más allá del precio simple y absoluto del dinero prestado, y, por lo tanto, no se puede en manera licita exigir más.

A la tercera, hay que decir que a la cortesía manifestada en conceder el préstamo no se le puede solicitar lícitamente una gracia mayor o bien algo diferente de la misma cortesía. Si —en cambio— se exige de más o algo diferente por deuda de justicia, entonces ya la gracia no es gracia (Rom 11:16), sino más bien una venta o una permutación. Pues será lícito que el prestamista pueda, en caso de que en un segundo momento necesitara de ello, exigir una cortesía parecida de un préstamo en nombre de la gratitud y de la gracia, pero no mediante justicia venal y desde eso, sin embargo, no sigue que se pueda exigir un mayor precio por la realidad dada a préstamo. Por lo tanto, estar vinculados al prestador con un acuerdo que comprometa a tal devolución excluye la cortesía, que corresponde a ese préstamo por su naturaleza. Por consiguiente, algunos sostienen que este contrato es ilícito. Mientras que otros dicen que lo es, aunque no sea completamente gratuito.

La justificación racional de estos últimos es que dicho acuerdo no contiene en sí mismo ninguna desigualdad, sino más bien una igualdad pura, y también incluye una cierta gracia, muy ligada al hecho de que el primero le dio el préstamo antes de obtener una devolución del mismo.

Sea lo que sea, está claro, sin embargo, que el primer prestamista no está obligado a sufragar ningún gasto por ello, si ese no es el único dinero que se le haya prestado en el segundo tiempo, salvo que el mismo haya obligado al otro a conceder un préstamo en un caso diferente, es decir, en la situación en la que el segundo, en la concesión en el momento del mutuo, tenga un daño mayor del obtenido del primer prestador. Solo entonces sí que exigiría de él no solo un préstamo igual a su mutuo anterior, sino aún más alto.

Lo mismo le ocurre a quien presta a otro con el pacto de que «no entregue a moler el trigo si no al molino del prestador, suponiendo que no cueste más moler en aquel molino que en otro; y aunque aquel ceda su libertad de moler en los otros molinos a causa del préstamo que le ha sido hecho, todo bien calculado no se procura un daño mayor en algo que sea de otro. Pues el prestamista no es tenido por este a devolverle algo temporal». Como si él concediera el préstamo al otro bajo la condición de rogar a su padre a quererlo, o también con la cláusula de pedir al obispo la concesión de una prebenda por sí o por otros:

ciertamente en este último pacto hay simonía, pero no usura.

Por lo tanto, parece que se puede decir de esta manera: cuando lo que se necesita para un préstamo, con un acuerdo específico, no tiene específicamente el valor del precio de los bienes venales, no se comete entonces usura en sentido específico. Y si ahí está contenido algún vicio, no es, sin embargo, de la misma naturaleza de la usura.

A la cuarta (argumentación) se debe decir que una cosa es recibir más, en forma de sencilla gratitud y sin ningún tipo de fraude o deshonestidad de usura, otra es lograr un retorno incrementado en forma de deuda y con la deshonestidad de aquella. En el primer caso, nadie se vuelve menos potente por un capital prestado, más bien su prestigio se fortalece. En el segundo caso, el poder del prestamista disminuye por tres razones.

La primera de ellas es que se supone con razón que el deudor del préstamo no lo devuelva de modo completamente gratuito sino para poder recibir en el futuro otro préstamo parecido, en caso de que necesitara de ello; o bien porque el mutuario teme que el prestador se ofenda si además de la simple restitución del capital no añade algo de más.

La segunda razón es que los que reciben o piensan obtener fácilmente un reembolso incrementado a partir de sus préstamos, caen en la intención y en el deseo de la especulación usuraria por consecuencia en el crimen de la usura. Por lo tanto, para evitar este peligro ellos deben abstenerse a toda costa de recibir pequeños regalos especialmente después del préstamo del mutuo, como si nunca uno de ellos hubiese prestado algo a esas personas.

El tercer motivo es a causa del mal ejemplo y del peligro de la infamia; en efecto el prestador que recibe de más muy fácilmente pasa por usurero, y así, exigiendo una restitución aumentada, da mal ejemplo a los otros y se difama a sí mismo.

Sin embargo, hay que tener presente que algunos basándose —de modo exagerado— sobre las palabras de Cristo que dice: «Dad en préstamo, sin nada que esperar de eso» (Lc 6, 35) de ninguna manera creían que era lícito para el prestamista esperar o recibir algo más. Pero que Cristo no quiso darlo a entender de esta manera, se muestra en la Lectura sobre Lucas[17]. Como, de hecho, aparece claramente en las palabras de Cristo antes mencionadas, Cristo en ese punto habla de la perfección del préstamo supererogatorio concedido con generosidad absoluta, sea que se trate de una supererogación del consejo evangélico, sea que se trate de una supererogación ligada al precepto cristiano que transciende la justicia y la gracia de los gentiles entre ellos.

Estos últimos, de hecho, conceden el favor del préstamo no por el amor de Dios, ni por la esperanza de una recompensa eterna, sino, en todas las buenas obras que hacen, pues ellos ponen su esperanza en esta vida; justo contra este tipo de esperanza habla Cristo, cuando dice de *no esperar nada de eso*. Por este motivo no ha dicho

---

[17] Pedro de Juan Olivi, *Lectura super Lucam et Lecturam super Marcum.*

sencillamente «sin esperar nada», sino «sin esperar nada de eso», es decir del mismo contrato de préstamo. En otras palabras, a fin de que no interceda ninguna esperanza de usura, ningún contrato usurario que sea verdadera o implícitamente expresado o tácito.

La respuesta a la quinta argumentación es inherente a lo expuesto. Por el hecho de decir que dar estos pequeños regalos provoca al prestatario a otra gracia de contratar un préstamo, más bien podríamos decir que le provoca a que la misma gracia se corrompa en una intención deformada de usura. No se puede negar, sin embargo, que esas cosas se pueden recibir y dar, libremente y sin malicia, porque no hay ahí vicio de usura.

A la sexta objeción debemos responder que, en un objeto arrendado o alquilado, su uso y sus frutos difieren del consumo o de la alienación de la cosa, como es evidente en el uso de un coche o en la equitación de un caballo o en la habitación de una casa alquilada. Además, la utilidad de tal uso no proviene únicamente del solo acto y la capacidad de los usuarios, sino también de una eficacia virtual inherente a la cosa útil. Por lo tanto, si fuese posible en los objetos prestados encontrar la verdadera razón de una locación y del uso parecido a lo de la cosa arrendada, entonces sería lícito exigir algo más.

Por ejemplo, si los florines de oro valieran —por el solo hecho de ser vistos o llevados con ellos— para curar ciertas enfermedades, como sucede con algunas gemas, o si, sin ser consumidas, fuesen útiles para garantizar algunos servicios, al igual que los recipientes de oro o plata, sin duda se pueden alquilar de una manera legal y con su devolución podrían recibir el precio del arrendamiento.

Por lo tanto, si alguien alquila a otra persona dinero sellado dentro de bolsas con el fin de asegurarse de que los visitantes le consideren rico y luego ser más honrado y más temido, o con el fin de evitar, con la única exhibición de aquel dinero, un peligro o daño, entonces es lícito recibir, además del retorno simple, el precio de la locación porque tal locación no fue un préstamo, ni su uso fue su consumo y tampoco su alienación.

En séptimo lugar se debe decir que en esa permisión prestar *a usura* se considera en el sentido general de mutuar y eso se utiliza para indicar un hábito o capacidad de prestar, más que el acto de prestar. El significado de la frase es en realidad que tu tendrás tal abundancia para prestar a todos y no necesitarás que te presten.

En octavo lugar, hay que decir que no prestar a interés al hermano es puesto en aquel paso de modo preceptivo, como si fuera un acto naturalmente justo. El hecho de que se agrega, «pero al extranjero» está puesto aquí como permisión, por la misma razón con la que los males menores se toleran, para evitar los peores: del mismo modo que el repudio de la mujer fue permitido por la Ley (Dt 24, 1). Así, en efecto, para evitar que fueran ladrones o usureros respecto a sus hermanos, les ha sido concedidos poder exigir usura de los extranjeros.

O se puede decir —tanto con respecto a eso como al comentario de Ambrosio[18]— que una cosa es exigir, bajo la apariencia exterior de la usura, sus mercancías, no las de los demás, y luego obligarlos o ejercer contra ellos una justicia ante una autoridad legítima, y, otra cosa es hace un verdadero contrato usurario. La Ley pudo primariamente conceder a los judíos aquella tierra de los gentiles que fue dada por Dios a los judíos, o la de cualquier otro pueblo, que podrían con razón, y de conformidad con la voluntad de Dios conquistar, reducir a la pobreza y exterminar (Dt 24, 1). De hecho, se les permitió oprimirlos con usuras, así como con cualesquiera otras justas imposiciones.

Del mismo modo, si alguien usurpa injustamente tus propiedades y no puedes recuperarlas si no bajo la forma de la usura, entonces es permisible, de acuerdo con el derecho canónico, recuperar tus posesiones mediante esta forma, pero sin dar a los demás un escándalo activo realizando un acto de este tipo. De hecho, muchas acciones, en sí mismas legales, deben ser evitadas, a causa de tal escándalo.

A la novena argumentación hay que decir que una misma acción puede ser malvada con respecto de quien la cumple y buena y meritoria en relación a quien la padece o la solicita, cuando la aconseja solo porque es buena y a causa del bien; de la misma manera recibir un préstamo a usura puede ser lícito, aunque esta manera de prestar es

---

[18] Ambrosio, *De Tobia*, 14 y 48-49.

un mal, ya que aquella usura puede ser desagradable, de por sí y también en sentido absoluto, para quien la recibe y la puede consentir solo por la simple restitución, sin que consienta la aceptación de la usura, porque es viciosa. Y entonces, a pesar de que el contrato de préstamo usurario implique el consenso de ambas partes, no proviene, empero, de la aprobación de este último, es decir, de quien recibe el préstamo, en cuanto que es vicioso, si no lo es por accidente.

De hecho, según Agustín, una cosa es usar el bien del mal, otra cosa es servirse del bien con intenciones malignas[19]. De hecho, el uso del mal para hacer el bien no es una acción sino buena. Y, por lo tanto, utilizar el mal de la usura para realizar un bien es una buena acción[20]. Luego actúa rectamente quien, pidiendo un préstamo para sus necesidades y no pudiendo tenerlo sin usura, la paga, no porque apruebe aquel pecado sino empujado o inducido solo por su propia necesidad. Quien, en cambio, sin una razonable necesidad, todo eso cumple, en la opinión de algunos doctores, peca, ya que en aquel caso utiliza una mala acción de otro con un fin perverso.

Y si luego este por su necesidad obliga otro a prestar con intereses usurarios, mientras que este último quiso dar sencillamente un préstamo y tampoco para exigir usuras, en cuanto es una persona que teme y rehúye de un pecado parecido, parece a algunos maestros, y no sin motivo, que

---

[19] Agustín, *De peccatorum meritis et remissione*, I, c. 29, n.º 57.
[20] Agustín, *De peccatorum meritis et remissione*, I, c. 29, n.º 57.
[20] *Decretum Gratiani*, II, C. XIV, q 5, c 14°.

el primero peca mortalmente, ya que usa no para bien la censurable acción del otro, más bien lo incita y lo induce al mal, que estuvo ausente del prestador en un primer momento. Y es preferible dejarse morir, en vez de empujar a otro a cometer un pecado mortal. Por lo tanto, una cosa es recibir un préstamo a usura de uno que decida hacerlo voluntariamente, o que está en el proceso de concesión de una hipoteca con términos de usura y otra cosa es obtener un préstamo usurario de una persona que debe ser empujada a tal acción.

Del mismo modo, una cosa es recibir un juramento pronunciado sobre los ídolos de un idólatra, deseando que jure de una manera diferente, o no se considere un juramento válido, y otra cosa es inducirlo no solo a jurar, sino también a jurar sobre los ídolos. Esta es una acción criminal. En el primer caso en cambio es lícito, según Agustín en la *Epístola a Publícola*[21].

❖

De todo lo que se ha dicho, surgen o pueden surgir algunas dudas sobre la materia de las usuras.

La primera duda es que la usura, considerada en sí misma, solo puede estar relacionada con el préstamo[22]. Eso se desprende de la mencionada demostración de la desigualdad natural de la usura. En otras palabras, ya que en la usura además de la venta de una cosa también es

---

[21] Agustín, *Epistula ad Publicolam*, 47, 2.
[22] *Decretum Gratiani*, II, C. 14, q. 3, c. 4.

vendido el uso de esta, el cual o no difiere de la cosa o no le añade un diferente provecho. Eso se manifiesta solo cuando se dan bienes a préstamo o se reciben en préstamo, como aparece discurriendo de los síngulos contratos.

Además, con la usura se vende al comprador, por el favor de haber efectuado el préstamo, lo que se volvió del mutuario propio debido al préstamo, o bien se vende algo consiguiente al préstamo, que ya pertenece a quien lo recibe.

Pero en contra parece valer la siguiente objeción pues el que vende un caballo o un paño más caro de lo que probablemente valga, o por más de lo que los vendería en otro tiempo, por la sencilla razón de que el comprador no paga inmediatamente, sino esperando por un tiempo el saldo: se piensa que es un usurero, por lo tanto, también en el contrato de venta puede estar presente la usura.

Igualmente, a quien compra un caballo o cereales, o los frutos de un campo que ya se ha sembrado, por un precio inferior de lo que probablemente valen, o menos caro de cuanto les hubiera pagado u obtenido, por la única razón de que paga el precio antes de recibir el objeto comprado, se le define como usurero: por lo tanto, en el contrato de compra puede estar presente el vicio de la usura.

Además, el que compra un campo con la condición de que después de cinco o siete años, lo restituirá al vendedor por el mismo precio, parece que comete usura al no llevar el cálculo de los frutos de cinco o siete años en el precio del capital.

Asimismo, el cambio es un contrato diferente del mutuo, pero en el cambio casi siempre ocurre la usura. En efecto si uno confía a otro mil libras esterlinas para que las lleve a ultramar con el fin de recibir en aquel lugar una mayor cantidad de dinero u otra igual suma de libras esterlinas en un país en que valen más.

Sostengo, en vez, que en los casos descritos o en otros parecidos no se cae en la usura, salvo que se produzca en ellos una determinada forma de préstamo.

En efecto en el primer caso el vendedor casi mutua al comprador el precio del objeto comprado y este último está obligado, por fuerza del contrato de adquisición, a pagar enseguida cuando recibe la mercancía; pues a causa de una cierta forma de préstamo este retiene el precio que habría tenido que pagar enseguida. Y ya que por un préstamo parecido el vendedor recibe de más, en este caso hay usura.

Si, por el contrario, había vendido la cosa, sin dilación y espera de pago, incluso a un precio aún mayor de lo que era el precio principal y al cual se había añadido la usura, en este caso no hay pecado de usura, sino solo el pecado de precio injusto o de venta injusta.

También en el segundo caso el comprador, por una cierta forma de préstamo, entrega el precio al vendedor antes de recibir el objeto comprado, en efecto está claro que —por la naturaleza de la adquisición, de la venta y de la permutación— no está obligado a pagar el precio de lo que adquiere antes de recibirlo. En efecto todas las operaciones de permutación deben ocurrir recíprocamente entre cosas de igual valor y en el mismo tiempo. Entonces, si, a raíz de una cierta forma de préstamo, que se viene a crear en aquel caso, el comprador recibe o retiene una parte de la deuda del precio, como si fuese un pago del préstamo, en este caso se evidencia la usura.

En el tercer caso si el comprador adquiere un campo con la simple intención de retenerlo para siempre, en caso de que el vendedor no quisiera rescatarlo, no hay ninguna usura, ya que no se introduce ninguna forma de préstamo, sino que hay una pura y simple compra. Sin embargo, si bajo la apariencia de una compra tiene la intención de prestar el dinero correspondiente al valor del campo y por ese préstamo recibe como beneficios los frutos anuales del mismo, entonces hay usura. De la misma manera se puede asumir tal intención dolosa cuando el comprador del campo lleva a cabo habitualmente préstamos usurarios o compras parecidas, o cuando el precio pagado es módico con respecto al valor de la tierra.

De las circunstancias opuestas se presume la simple intención de comprar, pero en el juicio del alma [durante la confesión], con respecto a este asunto, debemos volver a la conciencia del penitente que confiesa haber tenido solo esta pura y mera intención.

En el cuarto caso, si no hay aquí nada más que la sencilla y sola naturaleza del cambio no interviene ningún tipo de usura. De hecho, si quería llevar a Roma las mencionadas libras esterlinas y allí cambiarlas, pero encuentra en un país de ultramar un cambiador que tiene una mesa de cambio en Roma y se las entrega, como si las hubiera recibido en Roma y por lo tanto tienen el valor de aquel mercado de cambio. Si no interviene ningún otro elemento, no hay ningún tipo de usura, a pesar de que las libras valen más en Roma que en ese país de ultramar.

Si sucede que el comerciante las entrega antes de recibir en Roma el precio de su cambio y de esta manera tiene la intención de ganar un poco, entonces este depósito adquiere la naturaleza del préstamo y por lo tanto ahí hay usura.

Del mismo modo, se puede pensar sobre los que venden un paño o un caballo por mil sueldos, pero de pronto aquel valor se revende por novecientos a la persona que lo compró: porque el primer propietario del material o del caballo realmente entrega los novecientos sueldos, mientras que el otro en verdad no había pagado nada al primer propietario del bien en el momento de la venta. De hecho, es evidente que el segundo revende al primero por un precio menor, porque recibe novecientos sueldos en forma de mutuo, más bien que en forma de pago efectivo. Por lo cual en un contrato de este tipo se encuentra realmente usura.

Sin embargo, si alguien, sin intención de recomprar el bien que vende, y sin fraude de usura, vende un caballo o un paño por mil, y finalmente los recompra por un precio inferior al comprador que solo quiere venderlos, en este caso, no hay usura. Puede haber, sin embargo, pecado de precio injusto, pero por las circunstancias se permitiría una recompra tal, ya que no habría un pecado de disminución injusta del precio.

De lo que se ha dicho surge claramente la segunda duda: Si un vendedor no es pagado inmediatamente y, debido a este retraso, aumenta el precio, no más allá del límite de precio justo, pero al máximo, de modo que, aunque espere, gratuitamente o con un acuerdo, el pago en un tiempo más o menos largo, nunca reciba algo más del límite estricto y máximo del precio justo. En la opinión de los doctores no hay usura. Porque por la espera del pago no recibe más del precio justo de la cosa que se vende, aunque no conceda el favor de una reducción en el precio, que con mucho gusto haría, si se le pagase inmediatamente. En efecto una cosa es no hacer otro favor porque ya se ha concedido el de esperar, otra es simplemente ir más allá del precio justo.

En verdad, algunos también argumentaron que el comerciante para vender sus mercancías puede fijar el precio, de modo que —calculado todos los gastos, las dificultades y los peligros incurridos o por incurrir— se ganen 3 o 4 sueldos por libra y, por lo tanto, incluso en el caso de espera de pago, puede aumentar el precio de venta de las mercancías hasta este máximo, de manera que calculada una extensión parecida junto con otras circunstancias, gane al fin dos o cuatro sueldos por libra y esto por un objeto que, después de todo, le hubiese costado 20 sueldos.

Su justificación es que dado que el comerciante por el bien común se expone a trabajos, peligros y gastos, es justo que tenga un beneficio adecuado al oficio realizado.

Contra esta tesis se sostiene que, teniendo en cuenta que un comerciante haya comprado mercancías de un valor de cien libras, por mil o dos mil libras o que de alguna manera haya gastado en ellas dicha suma, entonces, de acuerdo con la opinión anterior, podría venderlas legalmente a fin de ganar por cada libra dos o tres sueldos, lo cual es obviamente irracional.

En segundo lugar, a pesar de que el comerciante deba obtener un poco de ganancia por sus gastos y por su trabajo, esta no debe ser por la expectativa de pago, ya que tendría la forma de un préstamo, aunque pueda exigir a través del interés los gastos que después podría hacer para solicitar el esperado pago.

En tercer lugar, suponiendo que haya comprado sus mercancías al máximo precio en un lugar o en un momento de grandísima carestía, ¿quizás podría venderlas al sumo precio en un sitio o en un tiempo en que aquellas mercancías son de precio muy bajo, a causa de una dilación de pago? ¡Absolutamente no!

Por lo tanto, de todo lo que se ha dicho se puede determinar que donde no interviene alguna forma de préstamo, no puede haber ninguna usura. Y si hay algún vicio, es un vicio diferente de la misma.

Así que cualquiera que recibe algo de otro, sin darle nada sino hasta el momento del pago o de la devolución, no practica la usura ganando algo por lo que ha recibido. Se puede tomar el ejemplo de quien recibe algún beneficio por la custodia de un depósito invertido, o bien porque devuelve aquel depósito o su equivalente, sin el peligro y la fatiga del transporte de un lugar a otro como en el caso de un obispo que yendo a Roma deposita en Montpellier mil marcos a un mercader que tiene en Roma una mesa de cambio, este último le pide al obispo diez libras para devolver a Roma los mil marcos indemnes.

Aunque se encuentre aquí un lucro torpe e indecente, ya que este mercader sin peligro ni expensas o sin la fatiga del transporte los entrega en Roma al obispo y, de hecho, antes de devolverlos, puede comerciar y hacer rentar el dinero entregado en Montpellier, sin embargo, no hay en este caso ninguna usura, ya que el mercante no ha prestado nada al mencionado obispo. Ni siquiera está obligado a devolver las diez libras, porque en verdad ha ofrecido al obispo algo equivalente, aunque haya hecho eso sin ningún peligro ni esfuerzo. Pues la indecencia de tal lucro no contiene simplemente una injusticia, en efecto, más bien, posee elementos de una cierta igualdad.

La tercera duda, que proviene de las precedentes, es que el tiempo que transcurre a favor de quien recibe un préstamo, es decir la duración del préstamo, no puede ser vendido al prestatario sin que el vendedor cometa usura, ya que por la misma naturaleza del préstamo aquel tiempo no pertenece al prestamista, sino al prestatario. De eso no deriva que, sin usura, ningún tiempo pueda ser lícitamente vendido, sino que más bien, con un razonamiento contrario, el tiempo propio del vendedor puede ser lícitamente vendido, en caso de que incluya en sí una utilidad temporal evaluable por un precio temporal. Y, por tanto, si alguien tiene que pagar cien libras dentro de tres años y no está obligado a hacerlo antes, puede venderte aquel tiempo negociando contigo de modo que dará enseguida ochenta libras y retendrá para sí o adquirirá veinte libras por el tiempo intercurrente de los tres años.

Para decir la verdad, algunos, al contrario, creen que el tiempo es una realidad común a todos y, en virtud de eso, no debe ser vendido como si fuera propia del vendedor. Debe ser dicho que aquí no se trata del tiempo en cuanto realidad común a todos, sino más bien del tiempo propio de una realidad específica y, por eso, en relación con un cierto objeto, que es por jurisdicción o por derecho de este o de aquel. De acuerdo con esta interpretación, al igual que un año de un caballo que me ha sido dado en comodato, es de mi propiedad por derecho durante ese año; de la misma forma, son de mi propiedad tres años de dinero, que no estoy obligado a pagar hasta la finalización del período de tres años y precisamente por eso puedo vender su valor. De hecho, si este tiempo no valiese nada, estar obligado a pagar aquella suma de forma inmediata no tendría más valor que pagar después de tres años y no antes.

Ahora, si objetas que, según el principio, el dinero prestado no tiene —fuera de sí mismo— algún valor que pueda ser vendido y que, por el mismo principio, ni siquiera lo tiene el dinero que tiene que ser pagado al cabo de tres años, y que, por tanto, vender ese tiempo por veinte libras parece ser usura. Se debe decir que se vende el tiempo de pago que pertenece indudablemente al vendedor, no el dinero.

Al contrario, el tiempo del dinero prestado no es del prestamista, sino del prestatario, hasta el término que le ha sido prefijado y, por tanto, no puede vendérsele. Entonces, si el que debe pagar cien dentro de tres años te prestara ochenta y por ello quisiera atribuirse o retener los restantes veinte, entonces habría ciertamente usura, porque en aquel caso te vendería el tiempo del dinero prestado.

Aunque el dinero en sí no vale más que él mismo, sin embargo, por la capacidad y la industria de quien lo usa, adquiere o puede adquirir un cierto valor. Y, por tanto, aquel uso, o aquella facultad de uso, puede ser vendida por quien le posee.

Si, a partir de eso, objetas que cuando uno posee cien libras tiene la facultad de usarlas y poseerlas no solo por tres años, sino también por todo el tiempo futuro y que, por tanto, podría vender esta facultad sobre dicho tiempo, como hace el mencionado deudor que no está obligado a pagarlas antes de los tres años. Hace falta decir que no se da la misma situación en los dos casos, ni siquiera parecida, porque el que tiene el dinero, no puede usarlo —en cuanto tiene el valor del precio o de la moneda— si no prestándolo o permutándolo por otro bien.

En ambos casos el tiempo futuro transcurre para aquel que ha tenido el préstamo, o que ha implementado la permuta; en el cambio no se compra o estima más que la fuerza de su precio. Y cuando el deudor paga ochenta libras, no presta nada, sino más bien salda su deuda; sin embargo, por lo que paga antes del tiempo establecido le es debido cierto precio, que no puede ser llamado precio del préstamo, no habiendo prestado nada, pero que puede ser indicado como precio de la anticipación del pago. Ya que esta antelación es cuantificable con un precio, ello puede ser lícitamente vendido.

La cuarta duda —proveniente de las precedentes— se refiere a la situación en la que la incertidumbre o el riesgo excluyen la usura. Sin embargo, cuando un capital es tomado por una persona y el contrato estipula que siempre, en todo caso, la cantidad total debe ser devuelta al dador, entonces la incertidumbre de la ganancia no es suficiente para evitar la usura.

Así que si alguien dice: «Te doy diez sueldos, que tú deberás devolverme en cada eventualidad y si en un futuro ganaras algo, me darás o bien un porcentaje de la ganancia o bien cuanto te pareciere oportuno; si en cambio no ganas nada, no me darás nada, a excepción del capital solamente», en este caso hay claramente usura, al menos por todo lo que el prestador recibe de ganancia más allá del capital.

No basta que haya cualquier riesgo para la suma involucrada. Por ejemplo, si un hombre da cien libras a un comerciante que está a punto de navegar por el mar, con el pacto de que si la nave con el capital naufragara, este no está obligado a devolver el capital, pero, también se pacta que si el comerciante, empeñando el dinero en sus comercios, lo perdiera, debe devolver siempre el monto total y, por último, que si obtiene una ganancia, le dará una parte de la ventaja económica: en este caso hay usura, como también se indica en el *Liber extra, Sobre la usura del navegante*[23].

Y todavía, si uno presta cien marcos y quiere recibir algo más, ya que el dinero no está seguro, como si siempre se le tuviera en una caja fuerte y prestándole lo expone a muchos peligros, este riesgo no sería una justificación para cometer usura. La regla general en todos estos casos es que el riesgo elimina la usura cuando el que se lucra por ello también debe tener el dominio y el empleo del objeto expuesto al riesgo.

Es necesario el dominio, ya que el lucro tiene que provenir de la realidad de su propiedad, no de un objeto que pertenece a otro. Y luego es necesario el empleo, del cual proviene la renta, tiene que ser inmediata y mediatamente de quien realiza una ventaja económica.

Y cada vez que en el acto mismo de comerciar el riesgo de las mercancías o del dinero no afecta a quien ha dado primero las mercancías o el dinero, sino solo a quien han sido confiadas, entonces, por esta misma razón, su empleo y dominio, en cuanto al acto de comerciar, corresponden solo a aquellos que corren el riesgo. El objeto en efecto no es perdido por su propietario y perder correctamente significa desprenderse de sus propias cosas.

Está claro que en el primer caso el capital no viaja a riesgo del primer aportador y aunque —en cambio en el segundo caso— no corre a riesgo de quien es a lo largo del camino o en el mar, y así por aquel tiempo viaja como

---

[23] *Extra*, V, t. 19, c. 19.

si fuera suyo. Sin embargo, en el acto y en el empleo del comercio y de la permutación es empleado con el exclusivo riesgo del mercader al que le es confiado. Pues en relación con aquel acto y aquel empleo el capital es solamente de este último. Ya que por este acto le corresponde la renta, así como a él solo corresponde la pérdida.

Incluso en este caso, es posible encontrar muy frecuentemente otra situación de usura: en efecto, el que primero entrega el dinero no cargaría sobre sí el riesgo del mar o del camino si no supusiera, con un cálculo de las probabilidades, que su parte fuera, con todo este peligro, más tutelada y que la operación fuera más rentable para él mismo que para el mercante, porque en mar o en el camino los capitales se pierden más raramente de lo que ocurre en la práctica comercial y en su permutación.

Por último, el riesgo del tercer caso no difiere realmente de la estructura del préstamo y del mutuo, o al menos está tan inextricablemente conectado que no tiene ningún elemento adicional para venderse que el que tiene el préstamo como tal: una ganancia por este riesgo es lo mismo que recibir del mero acto del préstamo. En efecto, la presencia de un riesgo parecido no le saca al prestador el derecho a indemnización, ya que quien recibe el préstamo es impelido tanto a garantizarle una total indemnización, como a devolverle un capital completamente igual. Es en cambio injusto obligarlo a devolver más.

❖

Póngase el caso, que ocurre a menudo entre los mercantes en algunas localidades, en las cuales el capital se emplea al riesgo del que lo aporta, por lo que a veces, lo que se pierde — en el curso de operaciones comerciales o de otra manera sin alguna culpa— es imputable a quien ha dado el capital. Sin embargo, su disfrute es un lucro fijo y determinado dado que el comerciante, a quien se le confió ese capital, compra la causa del lucro futuro derivado del mencionado capital, a un precio equivalente a la probabilidad de un beneficio futuro tal que se puede estimar razonablemente antes que se realice la ganancia de la misma renta. A algunos les parece que existe la usura por un motivo cuádruple.

El primero es que el que vende lo que no existe potencialmente como algo suyo, como si existiera casualmente en ello o estuviera a punto de derivarse de, comete la misma injusticia que se encuentra en el contrato usurario, como es demostrado más arriba en la primera cuestión sobre la usura; en otras palabras, porque en aquel caso se vende lo que no existe como si existiera, o bien porque vende lo que no es suyo casi como si lo fuera. Pero la antedicha renta no proviene de modo potencial de aquel capital, sino de la capacidad y de la actividad del mercante.

El segundo motivo es que en este caso parece que el capital ha sido dado con fraude, casi en forma de préstamo destinado a un lucro, antes que como capital a empeñarse en operaciones mercantiles para ventaja de quien lo aporta. Está claro en efecto que de aquel momento ningún lucro consiguiente de las operaciones comerciales es imputable al que ha entregado el capital, sino a quien lo ha transportado o bien al mercante. Luego, aquel capital no posee la forma del capital comercial con respecto a quien lo ha dado primero, solo con respecto al mercante; en conclusión, en relación con lo primero el capital posee solo la forma del préstamo.

El tercer motivo es que el lucro o el precio, que viene dado por el comerciante, al aportador de capital, se ha dado porque el mismo se podría utilizar en operaciones comerciales: es obvio que aquel capital, cuando fue entregado, no valía nada más que sí mismo, o al menos, en aquel entonces, tampoco valía la ganancia o el precio, que todavía de ninguna manera podía extraerse ni derivarse de su futuro uso comercial.

¿Quién dudaría del hecho de que el mismo beneficio, dado por un comerciante al aportador del capital antes de que se pueda utilizar ese capital en las operaciones comerciales, no provenga de sus propias operaciones comerciales? Así que, parece que esa ganancia es completamente usuraria.

El cuarto motivo es que, dado que el comerciante, que compra el beneficio futuro del capital confiado a él, no cumple ninguna transacción comercial con el mismo, no menos estará obligado a devolver el importe íntegro y además de esto todo el precio de la compra de la ganancia futura. Por lo tanto, si eso es usurario, se deduce que en la forma de un contrato similar puede estar presente la usura.

A otros parece que en dicho contrato no hay ninguna usura, a menos que se presente por una especial y fraudulenta intención usurera, como si ese capital no fuese entregado en la forma de un capital, sino más bien de un préstamo y con el fin de obtener un lucro usurario. Que, por otra parte, no hay usura lo prueban en primer lugar con tres argumentos concurrentes:

El primero de ellos es el riesgo de aquel capital, que es empleado, en toda la operación mercantil que con su uso se puede realizar, y también simplemente corre a riesgo del aportador y no a riesgo del mercante, a excepción del caso en que este último lo pierda por su culpable negligencia o malicia. Pero se sabe que el capital debe proveer una renta al que se le asume sencillamente el riesgo de su empleo mercantil.

El segundo es el valor cuantificable de la probabilidad, o mejor de la probable esperanza de lucro que podrá obtenerse de aquel capital a través de operaciones comerciales. En efecto, en cuanto esta probabilidad tiene cierto valor, apreciable con un precio temporal, se puede vender lícitamente por aquel precio.

El tercero es que, dado que aquella probabilidad se vende a un precio más bajo del que se piensa podría tener en un tiempo futuro, el beneficio derivado de la utilización del capital comercial está claro que la venta de la probabilidad se considera siempre con la certeza suficiente de que el comprador eventualmente derive un beneficio o reciba más de lo que ha gastado en la compra. Por lo tanto, el capital, así como la plusvalía principal y final de este se comercializan en este caso con el riesgo del aportador, luego en un contrato parecido no hay ninguna usura.

Esto también se demuestra —en segundo lugar— con un caso similar o equivalente. Si quien está a punto de empeñar por cuenta propia su capital en operaciones comerciales, vende a otro la probabilidad de las ganancias futuras que resultaran, con la condición de que administrara el capital con tanto cuidado, como si no lo hubiera vendido, está claro que, en este tipo de venta, no hay usura, porque no se puede pensar en una forma de préstamo. Pero este caso no se diferencia del primero, tanto en relación con el riesgo del capital, cuanto a lo que se refiere a la venta del lucro probable, la diferencia solo concierne a la operación mediata o inmediata de la comercialización del capital. Por lo tanto, hay una mayor usura en el primer caso que en el segundo.

Estos —en tercer lugar— lo prueban también con la consideración que —como se dirá más adelante tratando del capital prestado o detentado coercitivamente— en ese caso se puede solicitar sin el pecado de usura un interés de lucro probable, porque a quien pertenece el capital, es considerado gravemente dañado por quien ha solicitado u obtenido por coacción aquel capital, que quería en serio y no hipotéticamente empeñar en las operaciones comerciales. Por lo tanto, el interés del lucro probable estaba contenido en aquel capital de manera potencial y casi en estado embrionario, en efecto, de otro modo no podría ser lícitamente requerido; pero en el caso expuesto arriba no

se vende nada, excepto el interés, contenido potencialmente en el dinero, en tanto capital, es decir en cuanto
realmente es y no hipotéticamente estimado y destinado a
realizar operaciones comerciales. En este caso, pues, no
existe pecado de usura.

Lo prueban —en cuarto lugar— considerando un contrato similar, lo que ocurre en los de alquileres. Se da el
caso de que alguien entrega su caballo a otro, con la condición de que lo mantenga durante un año y lo utilice en
la guerra o en las obras de transporte y que, finalmente, el
hombre, al cual el caballo se le ha confiado, compre todos
los ingresos futuros del alquiler anual del caballo. Así
como se puede comprar eso legalmente, así también, por
la misma razón, se puede comprar la plusvalía probable
del capital.

Ahora, siguiendo el orden de los argumentos de estos
se debe decir, por el contrario, que, en el primer caso, no
se vende lo que no existe ni lo que no es suyo, como si
fuera suyo propio, y ni siquiera la misma cosa dos veces;
dado que el capital, como tal, es destinado a las operaciones comerciales lucrativas, añade una cierta naturaleza
lucrativa a su esencia simple de dinero de la misma cantidad, que no está destinada para las operaciones
comerciales. Y así, en este caso, se puede vender la naturaleza del capital, como tal, a un precio mayor que el del
mero dinero: en efecto como el valor del simple dinero
pertenece al aportador, así también el valor del antedicho
capital. De eso aparece claramente que aquí lo que es vendido fue suyo y que vende un valor diferente del primero.

Al segundo hay que decir que el capital en cuestión, después del contrato de compraventa, posee en verdad la naturaleza del capital en comparación con el primer aportador, aunque de aquel momento su renta final no le corresponde porque el lucro final solo corresponde al que lo ha invertido a su entero y total riesgo. Que esto es así lo muestro con un ejemplo indudable. Dado que alguien, por medio de un juramento y un acta notarial, ceda a otro todo el lucro futuro de su capital, que quiere, con honestidad y con un juramento, utilizar en operaciones comerciales para el beneficio del otro: ¿aquel capital no es quizás de manera indudable de quien lo comercia? ¿Y la ganancia no es, tal vez, solo suya? ¡Por supuesto que sí! Está claro, por lo tanto, que el lucro no siempre pertenece al aportador del capital, ya que no se da de manera sustancial en relación con el mismo capital.

En frente a los contenciosos se puede distinguir la proposición que dice: «Este capital es de uno u otro». De hecho, con el genitivo, se puede también indicar la disposición a la causa final, o la causa de la posesión y de la propiedad. En cuanto a la primera forma se puede decir que el capital es de aquel que obtendrá la ganancia, es decir, a quien cuya utilidad es finalmente destinado el mismo capital. En la segunda forma el capital es de quien tiene la posesión y propiedad y lo emplea a su propio riesgo: eso concierne entonces solo al primer aportador.

Ahora se puede contestar a la cuestión de nuevo y de una manera diferente, ya que el lucro final de capital se puede tomar y considerar de dos maneras: en primer lugar, en el sentido de que se supone esté contenido potencial y probablemente en el capital, en segundo lugar, cuando proviene del mismo y existe.

En el primer modo es adquirido totalmente por el primer aportador, por lo que, como si ya lo hubiera adquirido y ahora fuese suyo, es vendido por él y comprado por otro. Así sucede que, en la segunda forma, la ganancia es del comprador. Esto es similar al caso del que vende un cofre que está construyendo, lo va a vender como cosa suya y su producto, incluso cuando en realidad existirá, no es de él sino del comprador.

Al tercero hay que decir que aquel capital, cuando se vende su ganancia probable, vale más que el valor de su propia naturaleza de simple dinero desprovisto de la calidad del capital. Pero no vale más que sí mismo, ya que tiene simultáneamente en sí y en el acto las dos naturalezas. Y cuando se dice que la ganancia o el precio, que se recibe del capital antes de su uso comercial común, no se adquiere ni se tiene que adquirir de sus futuras operaciones mercantiles, hay que decir, por el contrario, que el lucro es obtenido de modo causal o equivalente o prevalente, en cuanto —es decir— se presupone que la futura renta de su empleo comercial ya le preexista casi en ello, y en tanto le es ya presupuesto se vende y se compra. Y, ciertamente, el mismo comprador, siendo calificado y experto en el arte de la negociación y del provecho, no lo compraría si no supiese muy bien que esa compra puede ser lucrativa.

Al cuarto se debe decir que sería diferente si esto llegara a suceder con el consentimiento y la conciencia del primer aportador; entonces por esta razón parecería que el dinero se aporta no en forma de capital, es decir, no para ser comercializado, sino más bien en forma de préstamo usurario. Pero cuando esto sucediese sin el consentimiento y el conocimiento del aportador, entonces no se le puede culpar por esta operación. Más bien, se puede derivar de este un argumento a favor de esta tesis: porque de hecho, suponiendo que quien recibe el capital de otro para empeñarlo en operaciones mercantiles, para garantizar un lucro al que ha aportado el capital y puesto que al final quien lo ha recibido, sin el consentimiento de quien lo ha dado, ya no quiera empeñarlo en el comercio, está claro que quien recibe será obligado a pagar a quien ha dado no solo el capital, sino también el probable lucro, sin embargo, será deducido el valor del posible lucro sin el riesgo del capital por el valor del mismo con el riesgo del capital.

La quinta duda que surge de lo que se ha dicho hasta ahora es que el derecho sobre el tiempo futuro, o mejor el derecho sobre las cosas o las rentas que vendrán en futuro, puede ser lícitamente comprado por un precio inferior al que se conseguiría si todas aquellas cosas estuvieran en aquel entonces al mismo tiempo presentes y simultáneamente vendidas al comprador. De esta observación se desprende que cuanto más se extiende el derecho sobre las cosas futuras durante tiempos muy amplios, tanto más puede ser comprado a un precio inferior a aquel de otros bienes del mismo valor.

La justificación de tal hecho es que en aquellas situaciones en las que el derecho conexo al objeto, o sobre el objeto, difiere del objeto mismo, o de su inmediata posesión, aquel derecho puede ser comprado o entregado, aunque la realidad no exista todavía o no esté plenamente en acto, como acaece por el derecho sobre los frutos futuros de un campo, que se puede comprar sin haber adquirido el campo y sin que los frutos del mismo existan en acto.

Consta en realidad que el derecho sobre el objeto presente y su natural posesión, con relación a otras cosas de igual valor, valga más que el solo derecho sobre el objeto futuro o el solo derecho sin que la posesión actual sea transmitida enseguida o esté a punto de entregarse. La certeza del objeto presente y de su posesión inmediata es mayor y superior a la certeza de posesión de un objeto futuro o de la certeza de la futura posesión de una cosa presente; por esa razón el primer objeto puede ser mejor vendido, mientras que el segundo puede ser lícitamente comprado por menos.

De esto se deduce que quien compra unas rentas anuales de cien libras por diez años a un precio de quinientas libras, pagables de inmediato, no necesariamente realiza un contrato usurario; sin embargo, lo sería si él ahora prestara esas quinientas libras por diez años, con el pacto de que le sean devueltas cada año cien libras o que en el último año le rindieran el capital duplicado, es decir, mil libras. En el primer caso no hay contrato de préstamo, sino de compra, porque en ese momento en realidad se compra y se entrega el derecho sobre los ingresos futuros decenales y, por lo tanto, no hay un anticipo de pagamento en forma de un préstamo, hay más bien una transferencia inmediata de un objeto o de un derecho adquirido y entregado efectivamente. Pero si esto llegara a suceder con la intención usuraria y estuviese presente el fraude de la usura, allí habría usura, no en fuerza del contrato, pero con motivo de la intención.

Se supone que un fraude de este tipo se produce cuando son vendidos ingresos parecidos, incluso en la forma que acabamos de describir, a un precio muy inferior del que debieran o a lo que se vendería si se encontrara en ese momento un comprador honesto y dispuesto a pagar ahora mismo el precio justo. Se puede pensar de hecho que en ese momento no hay solo una forma de precio injusto, sino que también hay una intención fraudulenta, como si se tratara de un pago por adelantado a un vendedor obligado por la necesidad, para poder tener, de este modo, el objeto a un precio mucho menor que aquel al cual se habría obtenido en otras circunstancias. Y, sobre todo, se puede presumir si el comprador suele ejercer la usura o estipular contratos parecidos impíos e injustos.

Sin embargo, en cuanto atañe a la forma y la absoluta validez del contrato no se halla en ello mayor usura de cuanto hay en quien compra un caballo o un castillo que vale cien marcos por diez marcos, que paga enseguida como también recibe de inmediato el caballo o el castillo.

En este caso no aparece tampoco el pecado del precio injusto si los beneficios de los ingresos no están absolutamente seguros, pero muy probablemente pueden correr riesgos, como es el caso de los frutos y las cosechas de los campos.

Si fuesen seguros, en el modo en que los réditos futuros pueden serlo, desde ahora es posible comprarlos a un precio inferior a aquel del derecho sobre los réditos de mil libras a obtenerse desde el primer año, ya que vale principalmente un derecho sobre los réditos más próximos de mil libras de lo que vale un derecho sobre los réditos remotos.

La sexta duda que proviene de las anteriores es que quien presta coercitivamente, puede exigir un interés sobre el daño y sobre el probable beneficio.

La justificación de esto es que la violencia elimina en gran medida muchos aspectos del préstamo y se presenta en forma de cobro autoritario y latrocinio.

Autoritaria cuando el rey, o la comunidad, por una buena causa obliga al ciudadano a prestar su cereal o su dinero. La violencia es en cambio tiránica cuando esto sucede sin una causa justa y razonable y lo es incluso cuando ha vencido el término del préstamo, prefijado por el prestamista, la deuda se retiene contra su voluntad. Sin embargo, si el prestamista le da al poseedor la opción de una prórroga a cambio del pago de un precio o lucro, entonces por esta razón comete usura, porque de tal concesión se deriva una forma voluntaria de préstamo y no una extensión forzada.

En verdad, si en el primer contrato de préstamo hubiera sido establecida una multa por el retraso de pago, ella podría ser cobrada de modo lícito, solo si la pena prevista fuera privada de dolosa intención del precio usurario o del lucro, por ejemplo, en el caso de que el prestamista probablemente crea y espere que quien recibe el préstamo caiga en aquella penalización.

Sin embargo, en relación con el interés, del cual se habló anteriormente, algunas personas piensan que no es lícito exigirlo sobre el lucro que sería derivado con cada probabilidad por el dinero prestado o retenido violentamente, pero que solo sea lícito pedir un interés sobre los daños, que provinieran al prestatario de su operación de préstamo[24].

Pero los doctores dicen lo contrario, ya que la pérdida de un lucro de este tipo es una pérdida para tal prestamista. Y por lo tanto él legítimamente puede reclamar el interés sobre los daños, es justo exigir un equivalente de la pérdida de los ingresos[25].

Sin embargo, ya que el capital retenido con la violencia no pudo correr riesgos o ser perdido para el prestamista, como habría ocurrido fácilmente si hubiera sido empleado en el comercio o en el mercado, por tanto, a su probable lucro tiene que ser sustraído cuanto excede

---

[24] Inocencio IV, *Decretlium apparatus seu commentaria*, 5, 19, 19 y Tomás de Aquino, *Summa Theologica*, II-II, q. 78, a. 2 ad 1.
[25] Raimundo de Peñafort, *Summa*, II, 7, 7 y Enrique de Susa, *In quintum Decretalium librum commentaria*, 5, 19, 6.

esta seguridad sobre la incertidumbre y sobre el riesgo, que pueden ocurrir al capital y al lucro en los comercios.

De esto se desprende claramente que incluso cuando uno vende o presta con un favor especial el grano en un momento que en general vale menos, mientras se había en serio propuesto conservarlo y venderlo en un tiempo en que común y probablemente habría sido más caro, puede exigir el mismo precio que aproximadamente se estime que tenga el grano, en el periodo más caro, en la hora de la venta y del préstamo. Sin embargo, es necesario que él establezca un día preciso de ese tiempo futuro, ya que habría vendido el grano solo en un día determinado, y también porque si pudiera elegir con certeza, en un mes o en una semana, el día en el que valía más, su suerte aumentaría demasiado. Además, el precio deberá ser establecido en función del valor más común y más constante vigente en ese mes, o se elegirá un precio medio, incluyendo el más caro y el más barato de ese mes.

La explicación del porqué puede vender o intercambiar aquel grano a tal precio es la siguiente: de una parte quien lo recibe en préstamo es obligado a darle verosímilmente un equivalente o a evitarle un daño sobre el probable lucro, por otra parte, lo que es destinado con firme decisión de su propietario a proveer un posible lucro no solo posee la naturaleza del simple dinero o de un objeto, además de eso tiene en sí la virtual posibilidad de un lucro, que comúnmente llamamos *capital*, y por tanto se tiene que devolver no solo el simple valor del mismo, sino también el valor sobreañadido.

A partir de estas consideraciones, es evidente que cuando alguien presta a otro, impulsado solo por la piedad y la necesidad de aquello, el dinero que fuertemente se había propuesto invertir en operaciones comerciales, bajo el pacto que cuanto ganara o perdiera de una suma parecida, invertida por un similar mercante, tanto sea parte de su ganancia o de su perdida, él no comete usura, pero cumple un favor: salva, sin embargo, su indemnización como ha sido tratado ampliamente en una cuestión del *Quodlibet*[26].

La séptima duda, que extrae su raíz a partir de las observaciones hechas, es que en todos los casos en los cuales una cierta razón del préstamo gratuito se mezcla con otros contratos, por cuanto sea propiamente debido a eso, si se vuelve en aquellos contratos la condición del prestamista mejor que aquella del prestatario, siempre hay usura en la medida que la situación del prestador se vuelve mejor a causa de un préstamo auténtico o disfrazado.

Esta observación abre una gran vía para discernir muchos casos de usura y para resolver las intrincaciones debidas a su variada mezcla con otros contratos. A modo de ejemplo, ahora presentemos siete casos:

El primero es el «de los que compran ovejas y bueyes a los pobres o a los ricos que no los tienen y saben y son conscientes de que no los tienen», y por esta adquisición pagan una suma de dinero y, como si ya hubieran recibido aquellos animales del vendedor, «se los alquilan por una

---

[26] Pedro de Juan Olivi, *Quodlibeta* I, q . 17, ff. 7v - 8r.

determinada pensión anual. Esta operación es usura si el prestamista debe ganar una cifra superior a la suma del dinero que ha concedido al principio».

El segundo caso se refiere «a los que alquilan los bueyes a medias con un contrato de algunos sextarios de trigo, con el pacto de que si los animales mueren o se enferman, el que los utiliza lleve la mitad del riesgo. Si en cambio los mismos animales mejoran, él tendrá la mitad del provecho». Ya que quien alquila concede un préstamo bajo la apariencia de alquiler, o encuentra un comodato por sus bueyes; por eso en el contrato de alquiler tiene la mejor condición, mientras al arrendatario corresponde la peor. En efecto nunca o casi apenas el conductor puede tener mucha utilidad de la mejoría de los bueyes cuanto es el daño que deriva de su muerte, a menos que los sestercios determinados por el mantenimiento a medias del buey sean de veras equivalentes al mantenimiento de este. Por ejemplo, si para mantener un buey que ara son suficientes cuatro sestercios por año y se dan entonces dos por el buey a medias.

De hecho, en el caso que acabamos de mencionar, se puede decir que en principio había un doble contrato: es decir, uno de compra de la mitad del buey, de modo que aquella mitad vaya a riesgo del comprador y el otro se configura, en vez, como un contrato de alquiler de la otra mitad, pues, si por la dilación del pago del precio de la primera mitad, el precio de locación de la segunda mitad no es aumentado más allá de lo justo, no hay usura y tampoco precio injusto.

«E incluso si el propietario requiere el acuerdo del que se dijo al principio, porque teme que el conductor explote demasiado el buey, aun cuando no tenga miedo del riesgo consiguiente al pacto y si en serio declara que, si el buey muriera sin culpa del conductor, no exigirá nada del mismo por este riesgo, entonces el arrendador no comete pecado, si no casualmente por el escándalo de los que ignoran su recta intención».

En verdad, si se sostiene que, en el caso apenas analizado, no hay usura, «debido a que el arrendador, en virtud de la naturaleza del contrato, puede asumir al mismo tiempo el riesgo y los casos fortuitos de la cosa alquilada, se contesta que en el antedicho caso no solo hay contrato de locación y de alquiler, sino también contrato de sociedad en relación con el riesgo, en la mejoría y en el deterioro del buey». De hecho, el contrato de sociedad exige una igualdad de proporción, tal como: «mucho doy y hago por la sociedad, en proporción tendré que recibir igualmente». Ahora bien, si como resultado del préstamo, que ya me han hecho, mi parte de la sociedad resultara deteriorada, habría por lo tanto usura.

El tercer caso se refiere «a las ovejas u otros animales que se entregan por la crianza, o "a creys"[27], como se dice en la lengua vernácula. Esto suele ocurrir de tres maneras: es decir, en la primera manera es como si solo hubiese el contrato de sociedad. Por ejemplo, se realiza cuando uno teniendo veinte cabezas de ovejas constituye una sociedad

---

[27] Término agrícola de origen provenzal con el significado de «crecimiento/crianza».

con otro que posee otras tantas y las ponen en común y dividen el riesgo, el provecho y los gastos por la custodia y por la comida, y, a veces, además de eso establecen que con los corderos recién nacidos sean reemplazadas las unidades muertas o que con sus vellos o sus pieles otras sean compradas para aumentar el rebaño».

En el segundo modo se puede hacer como si se estipulara «solo un contrato de arrendamiento en el caso en el cual uno que tiene veinte ovejas las entrega a otro para custodiarlas y pastorearlas por un determinado sueldo en dinero o con la participación de los proventos del rebaño, pero de modo que el propietario asuma el riesgo de aquellas cabezas de ganado». En ambos casos, ya que no interviene ninguna forma de préstamo, no puede haber usura, aunque pueda existir el vicio de precio injusto en caso de que la condición de uno fuera mejor o peor en los contratos.

Por la misma razón no hay usura en el contrato de la dote de la esposa, en el cual unas ciertas rentas o usufructos se asignan al marido, hasta que la dote entera no le sea pagada, de modo que los frutos o los réditos recibidos no sean computados en el capital o en el pago de la dote. De hecho, la entrega de esos ingresos no tiene forma de préstamo, sino una recompensa por la contribución de la carga conyugal, que resultaría del pago total de la dote. Por lo tanto, esa entrega sustituye temporalmente a la dote y es casi la dote misma.

Pero, si ocurre que el marido vende a otro aquellas rentas por el precio de la dote entera para cobrarlos inmediatamente, de modo que, en caso de que el padre de la esposa dé la dote — después de largo tiempo— en la adquisición de las rentas, no computando al comprador en el capital las rentas recibidas, parece que el comprador comete usura. De hecho, en este caso no se puede argumentar que reciba esos ingresos para reducir el gravamen conyugal, como puede afirmar el marido de la esposa; sin embargo, es posible argumentar que no hay usura, si por amistad de la novia y sin engaño de usura él compra aquellas rentas con la cláusula de que, más allá de las mil libras determinadas en precedencia durante la adquisición, podrá sucesivamente recibir tanto dinero cuanto el derecho y la posesión de las mil libras ya derramadas prevale en valor el derecho sobre los futuros réditos que aumentarán durante varios años hasta las mil libras. Y esto de acuerdo con la forma y la regla anteriormente indicadas en la adquisición de un derecho relativo a los futuros ingresos anuales de una década.

El tercer tipo de acuerdo se realiza cuando se combinan juntos «el contrato de préstamo y el contrato de sociedad como en el caso de quien, teniendo veinte cabezas de ganado, por ejemplo, valoradas alrededor de veinte sueldos, las entregue a otro, de modo que el segundo esté obligado a devolverle la mitad, es decir diez sueldos, si cualquier cosa ocurre en consecuencia a las ovejas. En esta situación es como si el acreedor le hubiera dado al deudor diez sueldos en préstamo mediante los que, compradas diez cabezas de ganado, el mismo deudor hubiera contraído sociedad con el acreedor, que posee las otras

diez cabezas, así que los animales sean poseídos en común y los dos sean socios en el riesgo y en las ganancias.
Y si, por cuanto concierne al préstamo, el acreedor grava
al deudor en el antedicho contrato de sociedad, hay, por
tanto, usura»[28].

Una forma parecida de usura se produce cuando se entregan a un mercante cien libras, de modo que una mitad
sea comerciada a riesgo del mercante y la otra a riesgo del
aportador y al final que ambos ganen y pierdan en igual
medida. También en este caso, es como si la mitad, que se
comercializa con el riesgo del comerciante le hubiese sido
dada como préstamo y por este, el mismo comerciante no
recibe ningún salario por su capacidad y por su trabajo,
con el cual involucra en el comercio la otra mitad para el
beneficio del aportador. Por lo tanto, es como si dijera al
comerciante a quien ha prestado cincuenta libras: «*Te doy
otras cincuenta libras, y por el préstamo que te he hecho
me las inviertes sin retener para ti ningún salario*». Y,
ahora, en estos casos, se suele asignar como sueldo la
cuarta parte del lucro y sin que los comerciantes sean res-
ponsables en el conjunto ante la pérdida del capital, si esto
acaece sin su culpa.

Una usura parecida también ocurre cuando uno presta
a otro cien sueldos para que los juegue, con el pacto de
que, a causa del préstamo, el riesgo más peligroso del
juego sea atribuido a quien ha sido concedido el préstamo.

---

[28] Guillermo de Rennes, *Glossa super Summam Raymundi*.

En este caso la usura es mucho mayor cuanto más prevalece el tamaño del riesgo.

Una usura igual y aún mayor se registra cuando «un hombre da a otro unas cuantas cabezas de ovejas, que han sido estimadas por un precio determinado, y aprieta una empresa con el pacto de que vaya a recibir el precio completo de los ingresos antes que el otro perciba un porcentaje sobre los ingresos. O bajo la condición de que las cabezas de ganado que mueren serán reemplazadas con los corderos recién nacidos, antes de que el otro reciba un porcentaje de los ingresos: eso significa más o menos entregar ovejas inmortales»[29]. Sin embargo, si después del pago del precio de las ovejas o antes de reemplazarlas con los corderos, fuera estipulado el contrato de sociedad de modo que cuanto más aliviara la comida de las ovejas y la custodia de los pastores, mucho mejor se presentaría la parte de sociedad por el que ha recibido el ganado, lo ha custodiado y lo ha hecho pastorear. De este modo no hay usura.

El séptimo caso se presenta cuando uno, bajo la fórmula de la permutación de trigo a cambio de trigo, entrega a otro, antes de la siega, el trigo viejo para recibir, después de la colección de la mies, aquello nuevo y en valor superior. Y digo superior, porque si el antiguo, conservado hasta el tiempo de la mies, valiera aproximadamente como lo nuevo recibido en cambio, no habría usura, sino más bien una igualdad, aunque el prestador obtuviera una

---

[29] Guillermo de Rennes, *Glossa super Summam Raymundi*.

utilidad por la renovación de su trigo, porque puede ser conservado más tiempo. De hecho, si yo, sin causarte daño y perjuicios, logro un beneficio, no por este cometo injusticia e injuria hacia ti. No obstante, si antes de la cosecha él iba a vender el trigo viejo, pero se lo ha prestado a otro por su petición, entonces debe y puede obtener después el importe equivalente al precio que habría recibido si hubiese vendido en aquel momento.

SOBRE LAS RESTITUCIONES

Después de esto, exponemos brevemente algo acerca de las restituciones de las usuras y en esta ocasión vamos a discutir en general de aquellas y serán abordados inmediatamente cuatro problemas.

En primer lugar, uno se pregunta ¿qué y cuánto hay que restituir? Segundo ¿quién debe restituir? Tercero, ¿a quién? Y cuarto, ¿cuál es el tiempo, lugar y forma de restitución?, ¿es decir, si es necesario devolver todo a la vez, o en momentos distintos, o en el lugar donde vive la persona que va a recibir la restitución, o en el momento y en los lugares más apropiados para el acreedor o el deudor? Y qué imposibilidad o necesidad dispensa para siempre de la restitución o solo por un determinado período de tiempo.

Si tenemos en cuenta el primer problema, o sea, lo que es necesario restituir, la primera regla general es que se restituya todo lo que pertenece a otro o que a otro le corresponda según el derecho, bien sea que el deudor lo haya obtenido de modo lícito o ilícito[1].

Por esta razón, todo lo perdido por otro debe ser restituido por la persona que lo encuentre al que lo ha perdido, ya que es la propiedad de los demás[2] y que en el caso de que él conozca al que lo ha perdido o pueda saber quién es con las investigaciones correspondientes.

Dado que no se encontrara al propietario, según algunos es necesario que quien lo ha encontrado lo distribuya a los pobres a ventaja del alma de a quien perteneció la cosa[3]. Sin embargo, no sé si esté obligado a hacer eso con este propósito.

La segunda regla es que cada uno es responsable de compensar por entero el daño en cuya totalidad haya cooperado, si se supone que sin su cooperación probablemente no se habría producido ese daño; y digo que está obligado solo si la restitución de los otros cooperadores es efectuada en proporción a su cooperación. Y si toda la restitución se lleva a cabo por él, todos los demás cooperadores deben devolverle luego, en proporción a su cooperación parcial. Pero si él no ha cooperado en absoluto, mas solo en parte, está obligado a devolver solo aquella parte.

---

[1] Agustín, *Epistulae*, 153, A Macedonio 20; *Decretum Gratiani*, II, C. XIV, q. 6, c. 1

[2] *Decretum Gratiani*, II, C. XIV, q. 5, c. 6 y c. 8.

[3] *Decretum Gratiani*, II, C. XIV, q. 5, c. 4; Raimundo de Peñafort, *De Poenitentia et Matrimonio, De furtis*, 9.

Se cree que uno puede cooperar no solo con los hechos, sino también con la palabra y con el gesto, con un escrito y con una señal de estímulo, de espuela, de fomento o alentadora y de consejo o persuasiva y exhortativa o mandataria y conminatoria o permisiva y deprecatoria, o bien por un falso litigio y una falsa alegación o por una falsa incriminación y un falso testimonio.

También quien por su deber está obligado a defender a otro o a preservarlo de un daño, en caso de que, por notable negligencia, incuria o impericia, que no debería hallarse en su trabajo, permite que sea perjudicado aquel que está obligado a defender, tiene que indemnizarle el daño[4]. Esto puede suceder por ejemplo por la incompetencia o negligencia del abogado, del juez, del príncipe, del médico, del timonel, del arquitecto o profesionales similares en el desempeño de sus funciones y en el respeto de las personas confiadas a su cuidado.

La razón de esta compensación no es solo porque están obligados a prever esos peligros, sino también su propia negligencia o incompetencia tiene alguna causalidad eficiente de la damnificación de ellos, de la misma manera que la privación es causa de privación.

Además, quien conscientemente conserva o a sabiendas compra los objetos procedentes de un robo, o bien injustamente impide que sean devueltos, se le considera corresponsable del robo y por tanto lo tiene que reembolsar[5]. Sin embargo, el súbdito que obedece a su rey durante

---

[4] *Extra*, V, t. 36, c. 9.
[5] *Decretum Gratiani*, II, C. XIV, q. 6, c.1, p. 3

una guerra injusta, que él cree que es justa en ese momento, o no está seguro de que sea injusta, o no tiene razón suficiente para estar seguro, no está obligado a restituir los bienes sustraídos o destruidos, porque lo que comete es justo con respecto a su conciencia y solo accidentalmente injusto, es decir, con respecto al rey. Por este motivo Agustín dice que en un caso parecido el deber de obedecer excusa al soldado[6].

Las palabras que acabo de decir deben ser entendidas por los daños reparables o resarcibles, en efecto la matanza de un hombre o la mutilación de un miembro suyo no es restituible. Sin embargo, los gastos que él ha sustentado para sanear sus heridas pueden y deben ser devueltas[7]. También un siervo muerto puede y tiene que ser devuelto al mismo dueño por la entrega o la adquisición de otro siervo, o bien por un precio adecuado a la compra[8].

La tercera regla es que el daño cometido contra una persona, en relación a un bien que no era todavía de su propiedad, ni de su derecho, no necesariamente tiene que ser devuelto[9]. Por ejemplo, si a uno que está a punto de comprar un caballo o un castillo, de cuya adquisición él habría ganado mucho, le impido la adquisición con palabras disuasorias antes que sea efectuado el contrato; o si a uno al cual el testador quiere legar o donar bienes o parte

---

[6] Agustín, *Contra Faustum*, 22, c. 74-75; *Decretum Gratiani*, II, C. XXIII, q. 1 c. 4; Pedro de Juan Olivi, *Quodlibet*, IV, 20.

[7] *Digesta Iustiniani Augusti*, IX, 3, 7; *Extra*, V, t. 36, c. 1.

[8] *Ibid.*, 9,2,2.

[9] Tomás de Aquino, *Summa Theologica*, II-II, q. 62, a. 2 ad quartum.

de ellos, le impido hacer que sean legados o dados, no estoy obligados a restituir nada, incluso si he actuado con malicia. La justificación de eso es que con mi acción yo no le he sacado nada suyo, ni he hecho que le fuera sacado.

Y mucho menos estoy obligado respecto a quien he impedido que le fuera concedida una prebenda eclesiástica, o bien al que teniéndola ya otorgada, se la he hecho sacar sin la acusación de un falso crimen por parte de quien por derecho divino y canónico puede verdaderamente retirarla, como podría ser el papa[10]. De hecho, en relación con el tiempo futuro, en el que se le sería quitada, la prebenda no era así suya o de su derecho, de no poder ser retirada según el derecho divino. Además, aquel derecho es espiritual, común y dependiente de una potestad de un superior más de lo que no sea material, resarcible y propio del que lo posee[11].

Pero si se objeta, en cambio, que el que impide con la violencia a un campesino a prestar su actividad, estará obligado a indemnizar el salario que él pierde; y del mismo modo quien impide a un cazador o a un pescador capturar las aves o los peces que son de derecho común, salvo que no haya la justificación de las tierras o las costas que son de dueños específicos[12], estará obligado a la reparación del daño que le causaron.

---

[10] *Extra*, III, t. 5, c. 28-29.
[11] Tomás de Aquino, *Summa Theologica*, II-II, q. 62, a. 2 ad quartum.
[12] *Digesta Iustiniani Augusti*, XLIII, 12, 1.

Hay que decir que estos casos no son parecidos a los primeros, ya que aquí se le ha quitado al campesino y al cazador su proprio uso, que era de su derecho; y también ha sido sustraído el fruto de su trabajo, de forma causal y absoluta. Además, se les han negado a ellos las cosas que les pertenecen por el derecho común.

Si se argumenta en cambio que, por la razón de que el que produce los daños predichos, está obligado al reembolso, por el mismo motivo quien corta a otro la mano o el pie tiene que indemnizar todos los bienes materiales que él habría adquirido con el empleo de los susodichos miembros, si no le hubieran sido cortados. ¿Por qué razón estoy más obligado a restituir los frutos que tú habrías recogido en tu campo y tú no los hubieras perdido injustamente por mi causa, aunque yo no los haya tomado?

A todo se puede contestar con una dúplice consideración:

En primer lugar, hay que decir que en estos casos y en situaciones parecidas siempre se debe seguir la costumbre aprobada por todos los que vivieron antes que nosotros, los presentes y en particular por los santos, ya que tiene gran fuerza de casualidad en el derecho humano. Pero no se encuentra que haya sido indemnizada la pérdida de ganancia, que los ciegos y los mutilados hayan podido obtener, y hayan sido restituidos o juzgados así por una sentencia, como acaece en la parte relativa a los daños precedentes.

Segundo, se puede decir que la pérdida de miembros no elimina inmediatamente la causa próxima y casi inmediata del lucro, sino más bien la causa remota y más potencial que actual; pues quien ha amputado los miembros a otro le ha quitado el poder o la capacidad de ganar y no tanto el acto o la causa actual del lucro en cuanto el acto no estaba contenido de hecho sino de forma potencial en los miembros. Y como el ladrón de un caballo o de una suma de dinero no está obligado a restituir todo lo que el propietario hubiese podido ganar de esas dos cosas, sino lo que probablemente hubiera obtenido de ellas debido al hecho de que ya se había volcado y dedicado a obtener esos beneficios. Así, en relación al caso propuesto, no está obligado a devolver todo lo que se podría haber ganado.

Si verdaderamente tú sustentas que este mutilado fue un tiempo un trabajador artesano, entregado a oficios y rentas que conciernen a las artes mecánicas, entonces hay que decir que o el mutilador está obligado a restituir tanto cuanto pueda valer la posibilidad de tal lucro, o como se ha mencionado anteriormente, la práctica común permite que no haya que compensar nada. Tal costumbre se introdujo probablemente debido a que una oportunidad parecida, en el caso de un mutilado por toda la vida, es a menudo muy incierta y sería de una carga y costo tal que difícilmente podría ser soportado, al menos, por la comunidad de la población. Sin embargo, creo que un mutilador rico estaría obligado a alimentar a los que han sido mutilado por él, si carecen de alimentos.

La cuarta regla, según algunos[13], es que se debe restituir, o rechazar, todo lo que ha sido adquirido de modo
torpe, indecente y vicioso, es decir, si se ha obtenido por
la simonía, la prostitución, con el arte histriónico, con el
juego o por cualquier otra forma vergonzosa de comerciar
y lucrar. Y, sin embargo, añaden que cada ganancia, proveniente de una raíz viciosa parecida, aunque sea en fin
derivado de comercio o adquisición, tiene que ser restituido: por ejemplo, si con el dinero obtenido por robo o
por usura he comprado algunas mercancías, o algunos te-
rrenos, de los que he sacado muchas ganancias como
resultado, estoy obligado, según lo que ellos opinan, a res-
tituirlo todo.

Su razonamiento es que lo que viene de una raíz viciosa, está completamente infectado y vicioso (Mt 7, 8).
Pero ellos están en contradicción con los grandes maestros[14] y creo que con razón, excepto sobre aquel único
punto por el que la restitución es impuesta y establecida
por el derecho canónico y civil en relación con la pena de
los crímenes, como ocurre por las cosas adquiridas de
modo simoníaco.

El razonamiento de ellos es que una cosa es que un
contrato presente un vicio de forma y por tanto sea nulo,
otra cosa es que tenga irregularidades en la materia o en
la causa que lo produce o en la que determina los efectos,

---

[13] Léase Guillermo de Auxerre, *Summa aurea* y Roberto de Curson,
De Usura.
[14] Tomás de Aquino, *Summa Theologica*, II-II, q. 62, a. 5 ad 2 y *Quodlibeta* III, q. 7, a. 2, ad 1; Guillermo de Rennes, *Glossa De Raptor*, 9;
Ricardo de Mediavila, *In IV Sent,* d. 25, a. 5, q. 6.

pero no en su forma intrínseca. Por ejemplo, aunque en el contrato de recompensa por un acto de prostitución la materia del meretricio sea viciosa, tal como lo es la voluntad que empuja a prostituirse y a contratar una recompensa, sin embargo, la forma del contrato tiene en sí algo realmente jurídico; en efecto, tal como la meretriz le concede al lenón el cuerpo que es suyo de un punto de vista personal, natural y civil, del mismo modo este da algo realmente suyo a cambio del cuerpo de la meretriz a él concedido[15].

Si es lícito dar gratuitamente lo que es mío, es todavía más lícito pagar por algo que me han otorgado, aunque se me haya dado de modo impío, y sobre todo si de este acto deriva en consecuencia al donante una utilidad, sea material, real, o bien solo según su juicio y beneplácito. Además, si un jugador puede darme gratuitamente su bien, con mayor razón puede hacerlo bajo la forma aleatoria del juego, aunque la codicia que incita a jugar sea, a veces, viciosa. De la misma manera, aunque la codicia que mueve a adquirir campos y mercancía sea viciosa, no por ello significa que la adquisición sea de por sí viciosa.

Así que no todos los vicios contractuales obligan a la restitución, solo aquellos que quitan el derecho a contratar recíprocamente como es evidente en quien contrae matrimonio en secreto o con pésima voluntad y mala intención o, de manera parecida, rinde homenaje a un rey. Por lo tanto, si ni el derecho divino y humano privan a nadie de

---

[15] Véase *Digesta Iustiniani Augusti*, XII, t. 5, l. 4; Tomás de Aquino, *Summa Theologica*, Ii-II, q. 62, a.5, ad 2, y q. 32, a. 7.

la jurisdicción y de la potestad de dar algo a la meretriz por el alquiler de su cuerpo, o al histrión por su farsa, o a un conjugado por su suerte o la victoria sin fraude en el juego, no es necesario abolir cierta igualdad y licitud de aquel derecho a causa de ulteriores irregularidades que se añaden a este derecho.

Y a pesar de que se han promulgado en el pasado algunas leyes civiles contra el juego excesivo y demasiado ímprobo, sin embargo, hoy en día se consideran abolidas por la costumbre contraria[16] y eso se puede argüir ya que en un tribunal civil y judicial no se aceptaría tratar la causa de recobrar las pérdidas del juego ni se pronunciaría una sentencia de restitución a su ventaja.

Así también rechazan lo que los mencionados maestros opinan, es decir que el lucro conseguido con una operación comercial a través de dinero procedente del robo o de la usura tenga que ser devuelto. De hecho, argumentan en contra de esta última afirmación con tres observaciones: primero poniéndose de parte de quien debería recibir la restitución. En efecto, ya que el derecho sobre el dinero robado o sacado con las usuras queda, por ley intangible e imprescriptible, siempre suyo y es comercializado a riesgo del ladrón o del comerciante usurario, entonces, por esta razón el lucro entero consiguiente de un capital parecido se devolvería de modo usurario a quien le fue robado. Y de nuevo, ya que el nuevo importe se obtendría solo a través de la industria y por los actos

---

[16] Tomás de Aquino, *Summa Theologica*, II-II, q. 168, a. 3, arg. 1.

del comerciante, sobre los cuales no tiene ningún derecho aquel a quien el dinero fue extorsionado, está claro que aquella ganancia sería percibida a través del dinero, de manera usuraria.

En segundo lugar, colocándose de parte del ladrón o del usurero, que no negocia o deriva ningún ingreso de ese dinero. Consta en efecto que está obligado a restituir tanto provecho cuanto hubiese sucesivamente conseguido. En realidad, si el que ha conseguido un lucro está obligado a restituir el capital, con sus beneficios, incluso quien no haya obtenido posteriormente un beneficio debe devolver el equivalente al capital y a la ganancia.

En tercer lugar, consideran ahora el interés del daño y del posible lucro, que probablemente habría obtenido aquel al cual el dinero le ha sido robado. En efecto, todo ladrón está obligado a restituir lo que ha sacado lucrándose del comercio del robo y también lo que no ha obtenido. Pero estaría más allá de la igualdad si aquel a quien se le robó recibiera al final de más. Luego la restitución del antedicho interés le recompensa de modo más que suficiente el daño entero. Pero —en lo que concierne las usuras— si el interés de un daño causado necesariamente deba ser compensado o no, lo he tratado en una cuestión específica sobre la usura contenida en un *Quodlibet*[17].

Si alguien objeta que se deba restituir un caballo sustraído por el robo por numerosos y enormes que sean los

---

[17] Pedro de Juan Olivi, *Quodlibet* I, q. 16.

gastos hechos por el ladrón para mejorarlo, con más razón tiene que devolver el dinero robado con todo lo que ha ganado; hay que decir que tal caballo deba ser restituido, en la opinión de un tribunal civil y exterior, se supone — en cuanto a equidad del derecho natural y de la conciencia— que este le devuelva al ladrón el interés de los gastos razonables, con los que el caballo ha sido mejorado, a excepción de cuánto ha sido infligido por un juicio civil como condena al ladrón[18].

Y cuando se dice que todo lo que procede de una raíz viciosa es vicioso, se afirma en falso, a menos que proceda de ella en cuanto es viciosa. De otro modo el trigo que brota de una semilla robada tendría la naturaleza viciosa del trigo. Y un hombre, nacido de un adulterio, no tendría la verdadera naturaleza y la especie humana sino aquella adulterina: lo que es visiblemente falso, ya que la especie del hombre y del trigo no deriva del vicio de la semilla, pero de la buena naturaleza de la misma semilla.

A partir de una causa parecida se deduce que si alguien de buena fe compra un bien robado, en presencia de todos y en un mercado público y después se entera del dueño del objeto, aquel comprador no está obligado a devolvérselo hasta que no haya recibido del expropietario, o de otro, el precio que él ha pagado por ello, porque no lo ha comprado como si fuese de un ladrón, sino casi del verdadero propietario y en circunstancias de legítima adquisición.

---

[18] Véase Enrique de Segusio «Hostiensis», *Summa aurea*, IV, De Conditionibus appositis.

La quinta regla es que cualquier pena justamente sentenciada por el juez debe ser restituida, pero no antes de que haya sido sentenciada, a menos que se deba pagar por una causa diferente o bien, que esté establecido sencillamente por la ley sin que intervenga una sentencia de parte de un juez especial. De hecho, por lo demás, las penas del derecho positivo no son concebidas sencillamente como infligidas, sino solo como ordenadas para ser infligidas por los jueces mediante un procedimiento judicial. Y, de toda manera, cada homicida, por oculto que se quede, pecaría mortalmente si restituyera todos sus bienes a su corte y si no se entregara al juez para padecer el ahorcamiento que las leyes prevén por los homicidios[19].

La sexta regla es que todo lo que se ha adquirido de un donante por un error de la persona a quien se da, es decir, porque cree ofrecerlo a otro, tiene que ser restituido al donante, o bien a ellos hacia los cuales fue dirigida la intención del donante[20]. Por ejemplo, si aquel tenía la intención de donar solo a los enfermos de San Antonio o a tal hospital y no a los administradores, a menos que sean porteros y sirvientes, la oferta debe ser restituida a los enfermos y a los pobres.

Incluso el error acerca de la situación de la fortuna; póngase el caso de que quien recibe sea creído pobre por el donante, mientras que, por el contrario, es rico, entonces este está obligado a ofrecer la donación a un pobre, a menos que mientras tanto se haya vuelto pobre y pueda

---

[19] Tomás de Aquino, *Summa Theologica*, II-II, q. 69, a. 4 ad 2.
[20] Pedro de Juan Olivi, *Quodlibet*, IV, 20.

retenerla para sí, ya que está realmente necesitado. Por último, en el error en que se piensa que el destinatario es santo y bueno, y no lo es, o que tenga que celebrar la misa, y no lo haga. Si el beneficiario conoce la intención precisa del donante, es decir que él no habría dado de manera diferente, según la opinión de algunos, entonces quien recibe está obligado a devolverlo, o a suplir la intención del donante de una manera aceptable por sí mismo y por otros. Su razón es que todo el derecho de donación procede de la voluntad y de la intención del donante.

Otros dicen en cambio que, si simplemente da o tiene la intención de dar a tal persona, aunque no subsista ninguna causa por la que desearía donarle, sin embargo, la donación sigue siendo válida, a menos que aquel motivo no solo sea la causa eficiente o final, sino también la condición misma del dar. Como en este sentido: «Solo te doy si tú eres bueno, o si tú haces esta cosa, y no de otro modo». Y, pues, lo demuestran con un caso parecido: Si alguien da cien marcos a Pedro porque cree que es, o ha sido, su amigo, o un amigo de su padre, cuando en realidad no lo es, o no lo ha sido, Pedro no está obligado a restituirlos, pero lo estaría si el donante hubiese dicho: «te les voy a dar si eres, o has sido, amigo mío, y no lo contrario.»

Pero los primeros maestros argumentan que este ejemplo no es parecido porque en el primer caso el donante tenía la intención de dar a Dios y a su culto más que a un hombre. Además, tenía la intención con eso de procurar a sí mismo y a sus parientes bienes espirituales, de los cuales él injustamente sería privado, hasta que aquellos bienes espirituales no le sean de algún modo compensados, o bien restituidos[21].

La séptima regla es que todo lo que se ha adquirido de un donante, que no tenga la legítima autoridad para dar aquello que de hecho ha dado, debe ser devuelto a quien correspondía la autoridad de dar y de disponer; pues lo que se ha adquirido de un siervo o de un monje, de un súbdito, o por otras personas parecidas, debe ser restituido, a menos que se suponga con cierta probabilidad, o se tenga que suponer, que ellos habían recibido expresamente esta autoridad, o bien les haya sido concedida de modo presuntivo.

Si, entonces, ha tenido la autoridad de dar, pero solo a los indigentes y por una causa debida, hay que restituir lo dado o suplir aquella causa como en el caso de un laico rico que reciba, por la sola causa de aumentar su riqueza, bienes eclesiásticos o monásticos por parte de un obispo, de un cura, o de un abad; o bien en el caso de una meretriz pobre que consiga de las mismas personas a cambio de su meretricio aquellos bienes. Pero esta última, puesto que se arrepienta y que esté necesitada, introduce una causa lícita para dar; eso también vale para el rico en caso de que se vuelva pobre, o bien lo dé a una persona necesitada.

A esta regla pueden ser reconducidos todos los defectos del donante y del contrayente, que quitan la facultad plena y libre para dar y contraer, tales como el defecto del

---

[21] Pedro de Juan Olivi, *Quodlibet,* IV, 20, ad 1 et 2.

pleno uso de la razón y del libre albedrío, o la ignorancia o la coacción, cualquier tipo de iracundia o exceso pasional, que elimine la voluntad libre y plena de dar o de realizar otros contratos.

La octava regla es que cualquier usurpación o exacción indebida de nuevos censos o de peajes, o colectas de nuevas normas jurisdiccionales o de cualquier imposición, en contra de una ley justa y aprobada, o contraria a prácticas aprobadas, que tienen la fuerza del derecho, debe ser simplemente restituida. Y se cree que es usurpación no solo cuando haya sido impuesta abiertamente o con la violencia, sino también si se consigue a través de una acción coercitiva oculta, como a menudo acaece con las súplicas o las solicitudes de los reyes ante sus súbditos.

Incluso cada defraudador del bien común, o de los bienes públicos, aunque no afecte a nadie en particular, está obligado al reembolso del daño ocasionado con el fraude. Por lo tanto, aquellos que funden las monedas más gruesas, dejando circular solo las monedas más pequeñas de aquella misma especie, están obligados a restituir a la cosa pública el daño que es derivado: y si no se sabe cuál comunidad ha sido perjudicada, hay que darlo a los pobres o al culto divino para el bien común.

La novena regla es que cada exceso manifiesto y notable, realizado más allá de los límites extremos del precio justo en los contratos de compra y venta, de alquiler, o de cualquier otro género de cambios, tienen que ser restituidos, a menos que sean estipulados con la expresa voluntad y conciencia del defraudado. El exceso notable se produce entonces, según las leyes humanas, cuando excede la mitad del precio justo, establecido común y racionalmente.

Alrededor del segundo problema fundamental, es decir, de a quien deba ser efectuada la restitución, se tienen que notar ahora cinco posibilidades:

El primero es un principio general manifiesto por lo que se ha dicho hasta ahora, a decir, que cualquiera según las reglas anteriores sea considerado deudor, a menos que el objeto haya sido devuelto o bien compensado, por parte de aquel que lo ha tenido de último o bien por cualquiera de los coagentes a los cuales el objeto no ha llegado. Y en relación con este último también los otros cooperantes deben contribuir o compensar proporcionalmente.

En segundo lugar, hace falta observar de modo particular si aquel al cual se debe restituir, pueda devolver la deuda de las posesiones del deudor, al menos cuando resulta administrador de los bienes del deudor, o bien cuando una de las propiedades del mismo deudor le haya llegado lícitamente en alguna forma. Algunos dicen que no, porque de acuerdo con las leyes, nadie debe ser juez en su propia causa, y por lo tanto la devolución debe ser adjudicada por otro[22]. En cambio, otros dicen que en los dos casos ya expuestos eso está permitido, pero no de otra manera por el peligro de escándalo fraterno y de su propia infamia, porque pudiera ser creído un ladrón, o porque él correría un peligro, en cuanto, si algunos testigos son

---

[22] *Codex Iustinianus*, 3, 5, 1.

capaces de probar su comportamiento, él podría ser castigado como un ladrón.

También observo que actuar de este modo es ilícito por un precepto del derecho positivo, emanante de un orden del derecho divino, para evitar en efecto que cada ladrón o atracador diga (Ex 20, 15): «Yo no he robado, pero he tomado lo que se me debía». Y para también evitar el surgimiento de discordias, determinadas por el hecho de que cada uno pueda ser pagado con los bienes de otro sin una sentencia de los superiores ordinarios. Y también es ilícito, porque cada uno, pagándose a sí mismo, fácilmente estimaría por más de lo debido el precio de lo que le corresponde y así, valoraría por menos el precio de la cosa que ha recibido y con la cual tuviera que ser resarcido. Por lo tanto, está prohibido por la ley. De todos modos, quien de esta manera se hubiese servido, no estaría obligado a restituir sino lo que había recibido de más por lo debido.

En relación con lo que se afirma, en contra de los dos casos anteriormente expuestos, es decir, que nadie debe ser juez en su propia causa, hay que decir que eso vale para el juicio ordinario y común y más en los casos dudosos, por los que es necesario solicitar la sentencia de un superior. Cuando en cambio un administrador de un cierto señor se paga a sí mismo, así como a otros, las deudas que esa persona le debe no actúan como un juez de una causa litigiosa sometida a un juicio, sino lo hace solamente como justo administrador. En verdad aquel, al cual los bienes del deudor han llegado de modo lícito, actúa como justo poseedor, hasta que no le sea devuelta la deuda.

Y si contestas diciendo que, si el administrador probablemente sabe que el dueño no le ha hecho dispensa de
solucionar una deuda, hay que responder que esto se
aplica solo si se lo prohibió expresamente, de lo contrario
se puede asumir y argumentar que de acuerdo al derecho
común se ha concedido esta facultad, por la cual es seguro
ahora que, según el derecho divino y humano, la cosa a
solventar tiene que ser dada por su dueño.

En tercer lugar, se debe analizar si los bienes que se
han mal adquirido, o sustraído de algún modo, come-
tiendo un pecado, tengan que ser restituidos por el deudor,
según el parecer de su prelado o confesor. Y bien, si lo ha
restituido de un modo diferente ¿estaría obligado a devolverlo una segunda vez, en el caso de que ellos lo juzgasen
así?

Entorno a la primera cuestión, varios responden que sí,
otros sustentan la misma respuesta también en relación
con el segundo problema. Su razonamiento es que una
persona deshonesta está obligada a dos reembolsos, a saber: uno para devolver los bienes robados y otro para
satisfacer por el propio pecado, cometido en el acto de ob-
tenerlos de mal modo. El elemento clave de este acto de
reparación es que se cumpla la decisión y el mandato del
confesor, o del superior. Por lo tanto, si el deudor lo hace
solo de su propia voluntad, no lo habría satisfecho inte-
gralmente.

Y de nuevo los mismos afirman, en relación con las
deudas inciertas, que, al ser tales deudas dudosas, deben
darse a beneficio de las almas de aquellos a los que se

debía y que, en consecuencia, esas mismas cosas se destinan al culto divino y al mantenimiento de los pobres.
Ahora, siendo solo el prelado eclesiástico el rector y el
moderador del culto divino, el padre de los pobres y el
administrador de los bienes destinados al culto divino: en
consecuencia, las deudas inciertas deben restituirse según
su juicio.

Además, a otros les parece que —aunque sea con-
gruente— cuando se presume una pía y providente
administración del prelado, o que se puede asumir razonablemente, sin embargo, no estamos frente a un precepto
de derecho divino, aunque hoy, por común costumbre del
papa y de los obispos, se cree que sea un precepto o un
estatuto de derecho positivo. De ahí que comúnmente nadie se entromete en la cuestión de las deudas inciertas sin
un encargo de estos.

Y que este no sea absolutamente de derecho divino se
prueba de dos maneras: en primer lugar, porque no se encuentra ningún precepto de Dios sobre este asunto. Lo que
se dice en *Números* en el V capítulo, es decir, si alguien
tomara por negligencia o ignorancia un bien de otro, que
le devuelva el principal y añada de más *la quinta parte a
aquel al cual había hecho daño. Si no hubiera nadie que
lo recibiera, el bien le sea dado al Señor y será del sacerdote* (Núm. 5, 7-9), no es válido para probar que el mismo
orden deba ser conservado en el Nuevo Testamento, porque además, aquella ley era ceremonial y, por tanto, ha
decaído en la nueva ley; por un lado porque hoy en día,
frente a su propia conciencia, nadie está obligado a

devolver además del objeto también la quinta parte de su valor y, por otro lado, porque en ese pasaje del Antiguo Testamento se añade que, además de lo mencionado, quien produjo el daño, ofrezca un carnero por la expiación del pecado, obligación a la que hoy en día nadie está obligado y, finalmente, porque, de acuerdo a aquella ley, nuestros sacerdotes podrían atribuirse y usar todas las deudas inciertas ya que ahí se dice que son del sacerdote. Por último, según aquella ley no correspondería más al obispo que a un simple sacerdote, y también porque un rey o cualquier comunidad podrían, con el común consenso del pueblo, establecer que las deudas inciertas sean del rey o de la comunidad, cosa que ellos ciertamente no podrían hacer si por un precepto de derecho divino los bienes fueran del sacerdote.

En segundo lugar, se prueba que aunque los prelados sean administradores de propiedades eclesiásticas, no por esto se les considera que sean administradores de todos aquellos bienes que según Dios tengan que ser entregados en el culto divino y entre los pobres y solo por cuánto están destinados al culto divino. De hecho, según esto, serían administradores de todos los bienes superfluos que los ricos están obligados por mandato divino a dar a los pobres, y también de todas esas cosas que cualquier persona desee entregar por iniciativa propia a los necesitados: lo cual no es admitido por nadie.

De cualquier modo en que se piense, yo creo que en caso de que un malhechor ya haya de hecho restituido las posibles deudas a sus ciertos propietarios y haya donado las deudas inciertas al culto de Dios, a mejor ventaja de las almas de aquellos a los que los bienes eran debidos, ni está obligado a restituirla de nuevo, ni puede ser obligado por parte de un confesor o de otro superior, a menos que ellos le impongan una digna penitencia por su pecado, la cual, estando a las cosas apenas dichas, no tiene que ser pecuniaria, como ocurre por los demás pecados, como la avaricia o el homicidio o parecidos. El prelado también puede obligar al restituyente a informarlo de la restitución de las deudas ciertas e inciertas, por él efectuadas, en caso de que sus crímenes fueran conocidos por la comunidad. De otro modo el confesor puede creer al penitente a su favor o en su contra durante el foro sacramental de la confesión o de la conciencia.

Pero algunos, por otro lado, argumentan que quien restituye debe, o al menos, puede cautelarse por sí mismo y por esa persona, por cuya salvación él está obligado a efectuar la restitución, para que el confesor, o el prelado, no sea tentado a retener, para sí mismo o para otra persona, lo que debe ser restituido a excepción de que sea de mayor importancia para la salvación del alma de aquellos a los que se está obligados a dar. Y, por lo tanto, como dicen, el confesor puede, aun sin la voluntad de ellos, hacer así al fin de estar presente cuando los bienes serán dados, por aquel o su superior, a los pobres a sufragio de las almas de aquellos por los cuales deben ser dados.

No tengo la intención de aplicar lo dicho recientemente para los que ejercen la única función de mendigos legados o los colectores de limosnas, que se ofrecen a los enfermos y a los pobres del hospital de San Antonio, o de otro hospital.

De hecho, si se pudiese suponer razonablemente que aquellos no distribuyen las limosnas a los pobres, para los que han sido ofrecidas, sería más seguro que las mismas limosnas, sustraídas a los pobres con el robo o de alguna otra manera y a ellos debidas, sean devueltas a través de otros fieles ligados, ya que los primeros peticionarios o los cobradores de deudas no son administradores generales y potestativos de aquellas limosnas como lo son los rectores de la iglesia en relación con las propiedades eclesiásticas, o como lo es un abad en relación con los bienes monásticos. Hay que respetar la intención prefijada de los donantes. Pues deberá observarse, además, la expresa disposición por los mendigos, quienes no piden que los bienes sean entregados a ellos, sino a los pobres y enfermos de tal hospital, pero, aunque trabajen fielmente por los pobres, puedan tomar de ello su necesario sustento, mas no más allá de la medida de su trabajo, o bien no contra la intención de los donantes.

En cuarto lugar, debe tenerse en cuenta si los corredores o los notarios de las usuras, o cualquier otro entre ellos, están obligados a restituir aquellas usuras, si los principales usurarios no las devuelven. Se debe decir que aquellos intermediarios, que actúan en nombre de los que quieren recibir el préstamo, no están obligados a devolver. Pero los que se ponen de parte del usurero y del lucro están obligados a devolver, solo si han actuado en este asunto de modo que sin su cooperación el préstamo usurario no se hubiera realizado. Entre los principales colaboradores deben ser contados los príncipes que obligan a pagar la usura en beneficio de los usureros, o que con su indebida protección permiten a los mismos ejercer de modo más eficaz el préstamo a usura.

Los notarios que, a sabiendas, estipulan las actas de deuda usuraria, como si se tratara de una deuda legítima, o sin usuras, estarían obligados a devolver la usura aceptada, porque su escritura ha cooperado eficazmente con el hecho de que sea correspondida la usura al usurero. Si en cambio en la nota, o en la escritura, la usura está expresamente mencionada, entonces los notarios no están obligados a la restitución, porque no cooperan, a excepción de los lugares donde existe la costumbre de obligar a los deudores a pagar las usuras a los usureros por medios de tales actas notariales.

Y también los empleados de los usureros, que, sin ningún interés personal, transmiten su dinero a la usura y sucesivamente no lo exigen con la fuerza, según el parecer de algunos maestros, no están obligados a devolver, a excepción de aquel dinero procedente solo de las usuras, que ellos hubieran retenido para sí. En cambio, los empleados que las requieren a través de la acción legal o litigios coercitivos están obligados a la devolución porque han cooperado de manera efectiva. Los primeros en efecto solo son vasos intermedios, porque también sin ellos habría habido igualmente usuras y habrían sido concedidas.

Sin embargo, algunos distinguen aquí entre los empleados: pues algunos están destinados al beneficio del oficio del usurero, de manera tal que en ellos reside casi la principal autoridad del amo y estos deben ser obligados. Otros empleados en cambio están confiados solamente al encargo de la transmisión actual y manual del dinero, tanto que ellos no fijan el precio de las usuras y tampoco estipulan contratos de usura, aunque estos sean realizados en su presencia y transfieran el dinero. Esos no están obligados a la restitución por las razones antedichas, aunque cometan pecado mortal[23].

En quinto lugar, se debe decir que la mujer y todos los que viven con el usurero, los cuales no poseen nada que no provenga de las usuras, están obligados a restituir todo lo que han recibido por su mantenimiento y por cualquier otra razón. Pero, si el usurero posee otros bienes no adquiridos o recibidos por medio de la usura y si la dote de su esposa fue recibida antes de participar en la actividad de usura, entonces puede y debe ser sufragado, aún en el caso de que el marido no tenga dinero suficiente para pagar las usuras. Sin embargo, su familia y servidumbre no deben recibir nada y ni siquiera puede sostener las necesidades de la vida con ellas, salvo que —como se ha dicho por la esposa del amo— él tenía ya una deuda hacia su sirviente antes de haber recibido las usuras que ahora no son suficientes para compensarlo.

Estas mismas consideraciones se aplican a los príncipes, que reciben de los usureros algunas contribuciones o donaciones. Pero cuando aceptan de ellos un precio

---

[23] Pedro de Juan Olivi, *Quodlibet*, IV, 17.

determinado, porque de buen grado les consienten ejercer las usuras en sus territorios, entonces están obligados a devolver aquel dinero o bien a los defraudados, si el usurero no fuera solvente o bien a darlo a los pobres.

En sexto lugar, hay que saber que si alguien toma por esposa a la hija de un raptor, o de un usurero, que no posee nada más que lo que debe devolver, entonces, en opinión de algunos, él no está obligado a devolver la dote que ha recibido junto con la hija, a menos que haya sido inducido por una crasa y posible ignorancia, es decir, porque creía que el suegro no era un usurero, o porque pensaba que, además de la dote, tenía suficientes bienes para restituir[24].

En verdad tú sustentas que, por el hecho de saber que la dote recibida era necesaria para pagar y que otras deudas tenían que ser devueltas, no puede en buena conciencia retener tal dote si se conocen las personas, a las cuales se tenía que devolver, porque en ningún modo —según Dios— aquella podía ser dotada con los bienes de otros. Sin embargo, si la esposa no permitiera que la dote fuera devuelta, entonces sería suficiente que él no participara de aquellos bienes.

❖

En relación con la tercera cuestión fundamental, es decir, a quién se debe hacer la restitución, hay que saber primero que ella debe ser hecha al propietario o al principal

---

[24] Guillermo de Rennes, Glossa *De usuris*, 12.

administrador, al cual los bienes fueron tomados, o bien a los legítimos herederos del propietario o a los sucesores del primer administrador; y si los herederos son varios a cada uno de ellos según la proporción de su porción de herencia[25]. Si el propietario no tiene la capacidad intelectual y el poder de administrar su patrimonio, en este caso, los bienes deben ser devueltos a su tutor, o a su curador o a quien se hace cargo de él. Incluso si, a causa de una guerra justa, o de un justo edicto imperial, o eclesiástico, aquel al cual el bien ha sido sacado, fuera privado del derecho a recobrarlo, absolutamente o por cierto tiempo, entonces la obligación de pago podría ser diferida de manera absoluta o por un cierto período de tiempo[26] .

Si tú preguntaras qué acaece en el caso de un obispo ya difunto, al cual en vida le fue sustraído un bien confiado a su administración, o bien fue dado en comodato por él, tienes que decirme si el obispo ha dictado su último testamento acerca de los bienes muebles encomendados a su administración, en tal caso deben ser devueltos a los ejecutores testamentarios, o a sus legatarios, si la ejecución del precedente testamento ya hubiera terminado. Y si por casualidad en su legado o en su testamento no estuviera contenida esta disposición, se debe devolver a su sucesor, porque la gestión de todos los administradores anteriores el patrimonio corresponde a su sucesor. Los bienes inmuebles, según el derecho canónico, deben ser devueltos al mismo sucesor.

---

[25] *Decretum Gratiani*, II, C. III, q. 1, cc. 1-3; *Extra*, V, t. 12, c. 6, p. 5.
[26] *Extra*, V t. 7, c. 13, p. 5.

❖

En el segundo punto, se debe saber que, si una cosa ha sido obtenida por un usurero, del cual es notorio que todo cuanto posee proviene de las usuras y que todo su patrimonio le es necesario para pagar la restitución, se le debe devolver a quien del cual el usurero lo obtuvo, salvo que sus cosas hubiesen sido sentenciadas para otra restitución por jueces superiores. Y eso se aplica también a los que, de acuerdo con los derechos humanos promulgados con criterios de racionalidad, poseen un verdadero título de propiedad de los bienes, incluso aunque de los mismos bienes se deba mucho o poco a otras personas. De otra manera ocurre para un ladrón, un raptor o sujetos parecidos, que por ninguna ley podrían conseguir un título de dominio verdadero sobre las cosas.

Sin embargo, algunos maestros hacen otras distinciones entre los bienes del usurero: si una cosa obtenida por usura se encuentra todavía en la misma calidad y número en la residencia de la persona a la cual el usurero la había entregado, en este caso, el poseedor no tiene que devolverle al mismo usurero, sino al dueño primario, si se le conoce. Si en cambio se encuentra en números diferentes, es necesario que sea devuelto al usurero[27]. Pero yo adhiero más con la primera sentencia, ya que si la persona, de quien el usurero obtuvo los bienes a través de usura, los

---

[27] Tomás de Aquino, *Summa Theologica*, II-II, q. 78, a. 3 ad 2.

recobrara por su sola autoridad, hoy sería castigado como un ladrón o un raptor. No obstante, si en una región o en un reino existiera un derecho contrario, o bien una costumbre contraria, entonces no es necesario devolver los bienes al usurero, sino a aquel del cual él los había recibidos, si se le conociera o se pudiera conocer.

En el tercer punto, se debe saber que, en igualdad de condiciones, las deudas más antiguas tienen que ser pagadas enseguida a quienes se les debe[28]. La razón de esta norma consiste en la prioridad de la obligación y de la deuda[29]. En efecto, quien viene de primero en el orden temporal por la ley posee mayores derechos, como también se afirma en el Código[30]. Pero algunas deudas posteriores pueden ser pagadas con prioridad, ya sea por pignoración poseída por el acreedor, o bien sea por una necesidad más probable o por la piedad de uno de aquellos a los que se le debe, o bien con motivo de una acción privilegiada, como el fisco y bien la esposa respecto a la dote pues los que son preferidos a todos los otros que no tienen tal privilegio. Además, lo que se debe a causa de una tutela o de un depósito, se debe pagar antes de lo que se debe por otras acciones no privilegiadas.

Cuando los privilegios de las personas y de las acciones son iguales, deberían ser satisfechos al mismo tiempo y con equidad, a menos que se pruebe, por uno de aquellos

---

[28] *Digesta Iustiniani Augusti*, XX, 4, 3.
[29] *Codex Iustinianus* VII, 72, 1-6.
[30] *Liber Sextus*, V, t. 12, r. 54.

que deba ser preferido a los otros según la ley debida a un pacto oral, escrito, o según un uso aprobado.

❖

En relación con el cuarto punto principal, es decir, ¿en qué momento, en qué lugar y de qué manera se debe restituir?

En primer lugar, hay que saber que en relación con el tiempo las deudas derivadas de una mala acción, es decir, de un robo o hurto, deben ser pagadas de inmediato en la medida de lo posible[31], salvo que se consiga una dilación, no forzada, sino espontánea, de la persona a la que son debidas.

Para los restantes pagos deben seguirse las circunstancias de los contratos o de los pactos, o de los juramentos que establecían un cierto tiempo. Además, en estas situaciones, el deudor no está obligado a pagar hasta su completa ruina, vendiendo lo que vale cien por diez, como acaece en los casos precedentes, ya que no se puede pensar que la benevolencia del derecho y de la justicia exija que sean interpretados de modo no ecuánime o demasiado duro los contratos de préstamo, de adquisición o parecidos, que han sido pensados para la utilidad del receptor del préstamo o por la ventaja común de ambos los contrayentes.

---

[31] *Digesta Iustiniani Augusti*, XII, 1, 20.

Sin embargo, en estos casos, regularmente se debe preferir la necesidad, o la condena del acreedor, a la igual o menor necesidad, o bien la condena del deudor. Esto requiere y exige la razón del favor y de la gratitud, que se debe al beneficio y al benefactor. Lo impone también la equidad según la cual es justo que un propietario sea sustentado principalmente por sus bienes y por aquellos a él debidos, antes que otra persona lleve beneficio de estos[32].

Todavía hay que saber que la total imposibilidad de devolver excusa en manera absoluta, si se manifiesta el propósito completo y firme de devolver en caso de que se pueda y tan pronto como se pudiese[33]. De una manera similar la imposibilidad justifica por un cierto período de tiempo.

Además, hay que saber que cada vez que un objeto material no puede ser devuelto sin un claro riesgo de daño incomparablemente superior al objeto debido, como el peligro de muerte, de escándalo o de pecado mortal, o bien de gravísima infamia, entonces es como si el deudor estuviera imposibilitado para restituir. Y, por lo tanto, si alguien, por falsa acusación o testimonio falso, hiciese perder a otro un campo, o mil marcos, y no tiene bienes para resarcir y tampoco puede devolver lo debido con un testimonio opuesto, sin incurrir en un seguro peligro de muerte, o sin que derive un grave escándalo de algunas o de muchas personas, no peca mortalmente en caso de que

---

[32] Pedro de Juan Olivi, *Lectura in quartum librum Sententiarum*, d. 16. A. 20.
[33] *Extra*, III, t. 23, c. 3.

no actúe la restitución. Pero es necesario que sienta un verdadero dolor por lo que ha hecho y no posea los recursos idóneos para devolver.

Lo mismo pasa con aquel que no puede restituir todos los bienes sin un considerable peligro de la prostitución de sus hijas, o bien un vagabundeo delincuente de los hijos, después de haber muy diligentemente sopesado todas las circunstancias de su morigeración. De hecho, ahí mediante el juicio y la moderación de un hombre sabio, se puede sostener algo con un verdadero sufrimiento del alma.

❖

La misma situación se produce con una mujer —cuyo hijo adulterino se alimenta con el patrimonio de su marido y lo hereda[34]— a la cual se debe aconsejar que no lo revele a su marido por ninguna razón, más bien prohibírselo. La razón de este es cuádruple:

La primera deriva del peligro de escándalo por el marido y sus amigos, a los que la noticia sería revelada; pues por eso no solo estarían alterados entre ellos, sino que difícilmente a partir de aquel momento él podría tener con su mujer paz, amistad y concorde afinidad.

La segunda está relacionada con la difamación de la mujer: de hecho, su esposa, que antes gozaba de una

---

[34] *Extra*, V, t. 38, c. 9.

buena reputación, por este hecho la perdería y se difamaría en mal modo.

La tercera proviene del peligro de muerte de la esposa y de su prole espuria: en efecto ella podría muy probablemente temer ser asesinada por su marido, por un pariente suyo o por un amigo, y habría igual peligro para su cómplice adultero.

La cuarta es que ni el marido ni su hijo, ni un juez público estarían obligados a dar crédito a la revelación de la mujer, a menos que pruebe cuanto afirma con documentos innegables o con pruebas infalibles o con testigos idóneos y ni siquiera se puede desheredar a tal hijo solo por lo confesado[35].

Sin embargo, a estas consideraciones se suma una quinta: el marido sería de todo eso dañado mayormente que en lo que corresponde a nutrir y a nombrar como heredero un hijo no suyo, pero que él cree suyo. Está claro que tal estima mutua, de paternidad y de filiación, es la más fuerte y más firme causa de unión y de amistad o de complacencia y de alegría de un padre hacia su hijo y del hijo hacia el padre que la sola verdad de la generación corporal sin la presencia de tal estimación. Si tal estimación fuese efectivamente despojada, un padre sería como un extraño para el niño y así el hijo respecto al padre.

Si consideremos dos hombres, uno de los cuales cree firmemente y es considerado como el padre del mencionado hijo y no lo es. El otro ni lo cree y tampoco es

---

[35] Pedro de Juan Olivi, *Quodlibet*, IV, 20.

considerado el padre de un niño, y, sin embargo, lo es. Uno se pregunta cuál de los dos siente más bondad o alegría, derecho y atribuciones hacia aquel hijo. Sin lugar a duda, vemos que los tiene incomparablemente más el padre putativo que el padre verdadero. De hecho, incluso según Dios, el hijo no está obligado a obedecer, o a expresar la veneración filial a su verdadero padre, sino al putativo. Y ni siquiera el verdadero padre está obligado a amarlo como hijo y a tenerlo como hijo, mientras que el padre putativo está obligado a hacerlo.

Pues un hombre considera muy ignominioso que se revele a él o a otro que su mujer ha concebido su prole de un adulterio. Al contrario, es mucho más honorable, amable y glorioso para el hombre que una noticia parecida se quede totalmente oculta, incluso para él. Así tú puedes ver cuanto bien quitaría al padre putativo una esposa que le revelara su crimen. Por supuesto, casi como si se le quitara un hijo verdadero y considerado como tal.

Pero, si sobre tal cuestión hubiera surgido en el marido y en otros una grave sospecha, o una ocasión de fuerte duda, y si —además— a causa de ciertos hechos o de suficientes indicios, con razón se puede y debe creer que muy probablemente no siga algún riesgo, de aquellos mencionados anteriormente, o bien que el peligro se intensificaría, pero más bien que disminuiría, e incluso si se presume que el niño renunciaría a sabiendas a la propiedad del marido, solo entonces podría y debería revelarse el secreto. Pero apenas concurren todas estas tres condiciones y muy raramente se puede pensar que se averigüen.

Sin embargo, la esposa, sin perjuicio de las leyes humanas y sin infamia, puede y debe con su dote y con sus otras propiedades indemnizar al marido y su legítima descendencia.

Y en caso de que se pregunte si, puesto que tal hijo cree ser espurio sobre la base de las palabras de la madre, si está obligado a devolver las propiedades, que tuvo del marido de la madre, a los demás hijos o a los otros herederos del marido, en respuesta hay que decir que si eso cree sin ninguna duda y tiene motivo de creerlo, en este caso está obligado a devolver según Dios pero no según el derecho humano. Al contrario, si no tiene razón y causa suficiente para creerlo, entonces no está obligado desde el momento que se ha hecho manifiesto —personalmente o bien a través de otra persona— que no hay una suficiente y aceptable razón de creerlo, o bien porque la madre prefiere la otra prole de su marido, o bien porque se puede pensar que ella le odia a él y a su esposa, o bien porque es fatua y voluble. O bien no consta que fuera o hubiera sido concebido de su marido sino del adúltero; en efecto eso no es siempre seguro con cualquier adúltero.

❖

En cuanto al momento de la restitución se debe saber que, si tenemos en cuenta lo mucho que tiene que ser devuelto, o cuánto fue la usura en el préstamo, siempre se debe volver al tiempo en que se hizo el préstamo usurario, ya que se refiere a la fecha de pago, por el cual se ha concedido el préstamo.

Por ejemplo: «Te entregué un modio de trigo en Pascua, a pagarse según el precio que valdrá en Pentecostés, o a aquel precio que se cree probablemente valga al momento de la entrega en Pentecostés. Entonces yo tengo que devolver todo lo que he recibido con una plusvalía usuraria, ni más, ni menos. Y esto o valdrá más o valdrá menos en Pentecostés».

En segundo lugar por cuanto concierne al lugar, hay que saber que si aquel al que se tiene que devolver, se encuentra en un lugar tan lejano que quien devuelve, gastaría incomparablemente más en el transporte de lo que el objeto pueda valer, y también si probablemente teme el peligro que al final ese objeto no llegue a quien es debido, entonces no es necesario mandarlo, sobre todo si se trata de algo de poco precio y especialmente si fue recibido u obtenido por vía lícita, y si el deudor no fue culpable de la mora en la devolución.

En este caso sería prudente depositar ante una persona y en un lugar seguro el objeto sellado, para que se devuelva a la persona a quien se debe, en el caso de que regresara a aquel sitio. O bien sería bueno devolverlo cuando se presenta una oportunidad favorable de enviarlo. Eso es tanto más seguro cuanto más por dicha razón quien transporta tiene, sin ningún engaño, el firme y decidido propósito de entregarlo, así que —por cuanto de él dependa— de ninguna manera pueda devolver con mora.

En cambio, si se piensa muy probablemente desde el principio que el bien no se entregará o bien que no hay una oportunidad para enviar o de devolverlo, entonces el deudor lo puede donar por la salvación del alma del acreedor, a menos que tenga miedo de que, si él regresara, podría solicitarle el bien con una acción judicial y conseguirlo.

Para determinar cuántos son los gastos a los que uno está obligado para enviar el bien, debemos confiar al juicio de un hombre bueno y discreto, que debidamente evaluará la relación entre el valor del objeto a enviar, la cantidad de los gastos y los riesgos probables. En una evaluación parecida siempre se debe dar prioridad al daño o pérdida del acreedor, ya que el pago de su bien está retrasado, en relación con el daño o pérdida del deudor por lo que concierne a sus gastos. Sin embargo, según el derecho común o un acuerdo privado, si no estuviese obligado a devolverte el bien o el censo más que en tal pueblo específico o en aquella tierra particular, entonces no estoy obligado a enviarlo más lejos a mis expensas.

Además, en caso de que se preguntara si las deudas o bien las multas inciertas con respecto a las personas o a sus herederos, pero no en relación a los lugares o a los bienes, de donde han sido sustraídos o bien han sido de otra manera recibidos, deben ser dados a los pobres o a las iglesias o a los monasterios o por otras causas pías de aquellas específicas localidades, hay que decir que si los objetos secuestrados eran de la comunidad de aquel lugar, entonces de algún modo se conoce la persona, ya que aquella comunidad puede ser considerada como si fuera una persona.

Si en cambio aquellas cosas correspondían a síngulos individuos de la localidad así que todos o bien la mayor parte de ellos hubieran sido damnificados, deben ser una vez más devueltas a la comunidad, que consiste en la totalidad o en la mayor parte de los habitantes. Pero, si el bien robado correspondía a los síngulos habitantes para ser devuelto a la comunidad, se puede pensar que poco o nada es beneficioso para ellos o sus herederos, aunque sea conveniente dar una parte a las causas pías de aquel lugar para su salvación, sin embargo, no es obligatorio hacerlo cuando igualmente se puede efectuar la donación en otro lugar, entonces es mejor efectuar la donación más bien en otro lugar si en este caso la oferta favoreciera de más a sus almas

En tercer lugar, en cuanto a la manera de restituir hay que saber, primero, que cada deuda, que se perdone o se confiera por el acreedor, está considerada como restituida. Algunas veces, estas indulgencias son en una cierta manera forzosas, o bien no solicitadas: por ejemplo, si ocurren por miedo, o por vergüenza, o bien si el acreedor desespera de conseguir el pago, o bien porque en cambio de la remisión de la deuda espera algún préstamo simple o usurario.

Para que —en tales circunstancias— el deudor esté plenamente seguro de estas remisiones ante Dios, él debe librarse de la deuda, por cuanto de su parte se pueda hacer, o disponer para hacerlo, de modo que sea evidente su firme propósito de devolver, en caso de que el acreedor no quisiera reponerle una remisión indudablemente libre y gratuita de su deuda, hecha por quien al que era debida.

En verdad a los usureros o a los señores de tierras no se suele hacer por parte de los súbditos una remisión plenamente gratuita: en efecto estos les deben muchas cosas a ellos, o bien a cualquier otra persona poderosa que los acreedores temen, si a su solicitud no condonan sus deudas; por lo tanto, en estos casos, y en otros parecidos, con la mayor decisión se requiere que toda la deuda, o la pignoración equivalente, sea devuelta pronto, libremente a aquel al que se debe. Y si por esta razón él la había en su total posesión, y de aquel otro se la pide y le sea otorgada, de modo que no se pueda suponer que haya nada en contra de la gratuita concesión. Entonces la deuda podrá ser retenida en seguridad, pero no son permitidos otros modos, a menos que conste por signos inequívocos una donación o concesión plena y gratuita.

En segundo lugar, también se debe saber que cuando la deuda no puede ser devuelta a un propietario —estando él mismo al corriente—, sin riesgo de infamia, de muerte o de escándalo, entonces es suficiente que le sea devuelto sin decir nada o bien sin que conozca el nombre del deudor ni la causa por la que le es debido. Esto ocurre por ejemplo cuando un deudor u otra persona le devuelve al acreedor una deuda diciendo que un cierto deudor suyo la devuelve.

Pero no es suficiente si no lo devuelve en forma de deuda, sino casi como un regalo. Hay que decir que, si los riesgos mencionados anteriormente no pueden ser evitados, puede ser suficiente, en la manera que el deudor mediante esa forma de la donación no quiera llevar con el engaño algunas ventajas, sino que —al contrario—, si lo pudiera hacer de otra forma, elegiría restituir como si fuera un pago; en cualquier otro caso no sería suficiente.

CONCLUSIÓN

Dado que desde las páginas anteriores a menudo se ha ar-
gumentado que el pecado de la usura y la obligación de
devolver derivan de la sola intención usuraria, aunque la
forma del contrato es en sí misma, legal y libre de cualquier vicio de usura, ahora para aclarar aún más tal
evidencia, se pregunta si esto es cierto, o si por el contrario, es necesario que también la forma del contrato sea
usuraria como cuando uno confía a un mercader cien marcos, con un pacto y un documento notarial, que le
devolverá la mitad o dos tercios del lucro, excluido cada
riesgo de capital; sin embargo quien concede tiene la intención firme de que todo lo que del capital se perdiera,
comerciando legalmente, sería sustraído a sí y no al mercante. ¿En este caso se debe considerar un usurero y está
obligado a devolver lo que ha percibido por ello?

Con una argumentación, basada en hechos parecidos,
se demuestra ante todo que él no está obligado a devolver:

en efecto, quien tiene la intención de despojar o bien sustraer, una cosa ajena, la cual, es, sin embargo, sin que él lo sepa, realmente suya, no está obligado a devolverla como robo, desde el momento en que ha reconocido que aquella cosa era suya. Y también quien golpea a un nonclérigo, pensando en pegar a un clérigo, no está excomulgado[1]. Y, por último, quien tiene la intención de matar al rey, pero mata uno de sus enemigos o ciudadanos, no es castigado por ese delito como si él hubiese cometido un delito de lesa majestad.

Pero también se demuestra —en segundo lugar— por las especies de ese contrato. Se dice que el acto moral recibe la especificación de su objeto próximo, en lugar de uno remoto; esto es evidente en el homicidio, el hurto y la embriaguez, que en la diversidad de los objetos próximos reciben su diversidad específica.

En verdad, si la forma del contrato, a causa del objeto próximo, sobre el cual se carga, no es usuraria, pero lícita y justa, entonces no adquiere la especificación del acto usurario de su objeto final y remoto que le da la intención final.

Pues de otra manera se prueba que el segundo está obligado a devolver la renta, como si fuera el usurero. En primer lugar, a través de casos parecidos, en efecto si alguien, por palabras esgrimidas o con hechos, da y entrega a otro su casa, aunque en su corazón no tenía la intención de hacer eso, sin embargo, esta se habrá dado y no podrá

---

[1] *Extra*, 5, 39, 4.

revocarla. La misma cosa vale para quien profesa un estado regular, o bien para quien jura de modo falso un pacto o una promesa.

En segundo lugar, se prueba basándose en la misma naturaleza del contrato: ya que, en un contrato con aquella forma, el mercante que recibe cien marcos realmente comercia con ellos, como si fueran suyos, porque por la misma forma del contrato él siempre usa aquel dinero a su riesgo: luego deriva que todo lo que gana de ellos, es ganado como si fuera de los suyos. Pues, por el derecho del contrato y subsiguiente comercio, todo el riesgo es suyo.

Hay que responder a la primera pregunta diciendo que como la única intención y voluntad de hacer usura genera el pecado de la usura en el corazón, así la intención usuraria vinculada a una obra externa hace que la acción extrínseca sea usuraria. Esto parece claro a aquellos que observan cuidadosamente la materia de las usuras, es decir, un mutuo expreso o interpretativo. Porque —en efecto— como lo que es dado lleva de la intención del donar la verdadera esencia del dono y pierde la naturaleza del préstamo, así si se presta con la esperanza y la intención del lucro, pierde por sí mismo la naturaleza del préstamo gratuito y asume la estructura del préstamo usurario. De eso, queda evidente que la ganancia obtenida con tal intención es usuraria y debe ser restituida.

Pues, cuando en un contrato de compraventa o permuta, o en un contrato de sociedad, en sí mismo lícito, se mezcla algún elemento que tiene la naturaleza —ya sea

oculta o expresa— del préstamo, con el cual el prestamista tiene la intención de un lucro usurario y, por lo
tanto, lo obtiene; en realidad en el antedicho contrato los
contratos son dos: a saber, uno de permuta o constitución
de sociedad y el otro, a su vez, de préstamo usurario. Y
aunque no hay en el primero ningún vicio de usura, no por
esto se deduce que no haya ningún defecto en el segundo,
conectado al primero. Pues, el contrato es y se define
como usurero, no a causa del primero, sino del segundo.

Ahora respondo con argumentos contrarios a los ejemplos presentados en la primera cuestión: ellos no son
parecidos a este caso, ya que el ladrón o el raptor de un
objeto proprio no adquiere, ni pierde, el derecho de propiedad, a causa de su acto de hurto. A pesar de la fuerza
de ese hurto, el objeto no es suyo por la fuerza de ese robo,
ni gracias a ello tiene el derecho de retenerlo justamente:
el objeto es suyo en base al derecho de propiedad, que él
en origen tenía sobre él.

También acerca del caso propuesto no es así, ya que el
lucro que proviene de una intención usuaria relativa a un
préstamo ya concedido no es ni era del prestamista por
otra causa, pero llegó a su propiedad por el préstamo efectuado con tal mala intención.

Por el contrario, este ejemplo que explicaré, sería parecido al otro, si no existiera en el contrato ningún
elemento de préstamo y, creyendo que lo había, intentara
y reputara conseguir de ello una renta usuaria, aunque,
estando en la realidad de los hechos, él solo recibiría un
ingreso lícito.

E incluso sería parecido si, existiendo ahí una razón de préstamo, no consiguiera ningún lucro de ello, sino solamente derivado de otro contrato lícito anexo al primero, aunque él creyera e intentara conseguir el ingreso debido al préstamo.

Acerca del argumento relativo a la excomunión está claro que la sentencia establecida contra quien golpea a un clérigo de ningún modo puede ser válida contra quien pega a uno que no es eclesiástico, aunque lo crea tal. Por último, también en relación con el crimen de lesa majestad es obvio, ya que el juicio del tribunal no castiga la intención, a él oculta, sino castiga el hecho extrínseco y la intención que le es asociada, como puede ser conocida por algunos signos externos.

A la segunda consideración hay que responder diciendo que la especificación del vicio es tomada a veces del objeto próximo, asumido en sentido absoluto, como cuando uno comete un robo o un homicidio por una piadosa intención, o para alcanzar un fin bueno. Pero, a veces, asume su especificación del mismo, no asumida y querida de por sí y en sentido absoluto, sino solo en referencia a un fin malo, o asociado a él, como quien hace una obra buena o indiferente en su género para un fin malo, por ejemplo, por la vanagloria o por la avaricia: como cuando alguien se abstiene del vino por la sola avaricia, o bien recibe los órdenes sagrados para conseguir un beneficio o un lucro temporal. Lo mismo sucede en el caso propuesto, ya que la transmisión del préstamo recibe la especificación del mismo préstamo destinado a un lucro indebido[2].

En referencia a la segunda pregunta, hay que responder que el aportador de capital, de la manera indicada en el ejemplo, aunque pecando mortalmente, no está obligado, sin embargo, a restituir el consiguiente lucro, conseguido por aquella operación. Pero está obligado a prever que, a causa de su muerte repentina, o bien por la pérdida de los bienes, su mercader no sea perjudicado por un pacto o por una escritura precedentemente confeccionada.

En primer lugar, es bastante evidente que él peca mortalmente, porque se difama a sí mismo con un crimen de usura ante el comerciante y también ante todos los que conocen el hecho, dando a ellos ocasión de escándalo, o un ejemplo para escandalizarse, contra aquel dicho del Apóstol: «*Absteneos de toda especie de mal*» (Act 15, 28-29). Y también porque ha cometido una acción criminal de este tipo, al menos por el hecho de que expone el comerciante al peligro de que pueda perder y tener que restituir el mismo capital. O como exponer a alguien al riesgo de muerte o en el punto del precipicio infernal, intentando preservarlo de la misma muerte o del abismo, sin embargo, se peca de modo grave aquí y en el caso propuesto.

Pues, el segundo argumento, o sea que está obligado a restituir el resultante lucro percibido, se puede demostrar

---

[2] Pedro de Juan Olivi, *Quaestiones de virtutibus*, q. 6.

porque los actos morales derivan su esencia de su moralidad por el acto de la voluntad que los causa, pues si el mismo acto fuera cumplido por una bestia, o bien por un demente, o por quienquiera que no tenga el uso de la razón, no tendría absolutamente la naturaleza de un acto moral. Así que la entrega física de esos cien marcos emana de una voluntad contraria a la forma externa del contrato, en cuanto el aportador desea firmemente que aquel capital sea comerciado a su riesgo, como lo es a su ventaja, aunque exprese por precaución una voluntad contraria en la forma exterior del contrato, a fin de que el mercader no pierda de modo ficticio, o por descuido, el capital prestado. Pues la entrega exterior del capital como procedente de una tal voluntad, está realmente separada del vicio de la usura y el capital así entregado se comercia realmente a riesgo del aportador y, por tanto, realmente corre como suyo.

Sobre el primer caso hay que decir, por el contrario, que el caso no es similar, porque en la donación de la casa, no se hace nada por lo que se pueda presumir del exterior que él no intentaba darla. En el caso propuesto, en cambio, aparece abiertamente que tanto el aportador, como el mercante, quieren que el capital entregado quede siempre capital del aportador.

Pues, la forma exterior de cesión contiene en sí dos elementos claramente contrarios: uno de los cuales es que la suma no es aportada bajo forma de préstamo, sino como capital del aportador. El otro es que el capital no se ha comerciado a riesgo del aportador, caso en el cual tiene más la forma de préstamo, que la de capital. Por lo tanto, puesto que la voluntad del aportador de alguna manera se da a conocer, entonces no sucede lo mismo entre este caso y el otro.

Pasando ahora a otros ejemplos relativos a la promesa y al juramento, hay que decir que en la promesa y en el juramento hay dos elementos, a decir, la misma promesa y el juramento, y luego la consiguiente obligación de mantener lo que se ha votado y lo que se ha jurado. Por tanto, aunque quien jura o promete de modo fraudulento no quiere obligarse, no se puede decir, empero, que no haya querido hacer el acto de juramento o de voto. Y ya que en los votos y en los juramentos, hechos a otro hombre, o bien a una corporación, una persona se obliga por derecho divino, aunque no lo quiera; en conclusión, se deduce que estos ejemplos son lo mismo de este caso y del otro.

En relación con el segundo argumento resulta claro, por lo que se ha dicho hasta ahora, que, a pesar de que los cien marcos, según la forma externa del contrato, parecen ser comercializados con el riesgo del mercader, sin embargo, de acuerdo con la voluntad y la intención del aportador, se comercian a su riesgo.

❖

Volviendo de nuevo a las precedentes reglas de las restituciones: se debe saber que un bien, dado por una causa impía a quien no lo puede legítimamente retener, no debe ser devuelto al donante, si su impiedad es conocida al que se la dio porque su impiedad le muestra y le hace indigno e inadapto para aquello por lo cual tal objeto entregado tiene que ser restituido. Por ejemplo, lo que es recibido por simonía de un simoníaco, no le tiene que ser devuelto, pero debe ser dado a los pobres, a un superior suyo, o bien debe ser empleado para las necesidades de la iglesia a la que pertenecía.

La misma consideración vale para un rico que reciba bienes eclesiásticos de un prelado, que los concede con una exclusiva intención carnal, es decir aquella de enriquecerlo[3]. Y lo mismo se diga para quien da algo a alguien, para que aporte un falso testimonio, o bien le provea una injusta defensa, o le sustente una causa igualmente injusta o un duelo ilícito o sea partícipe por él en un duelo o, bien, mueva una guerra injusta. De hecho, nada de eso o parecido puede ser lícitamente retenido, salvo que no exista otra causa que permita retenerlo, por ejemplo, para remediar la misma pobreza, pero eso tiene que ocurrir solo con el permiso del propio confesor.

En todo caso el objeto no tiene que ser devuelto al donante, porque entonces él le ha dado todo lo que podía dar y porque su impiedad merece y exige que no le sea devuelto.

Y estas observaciones por ahora bastan con relación a las usuras y a las restituciones. Amén.

---

[3] Raimundo de Peñafort, *De Poenitentia et Matrimonio, De raptor*, 8.